シリーズ「遺跡を学ぶ」149

博多周縁の中世山林寺院

首羅山遺跡

江上智恵

新泉社

博多周縁の中世山林寺院

―首羅山遺跡―

江上智恵

【目次】

第1章　まぼろしの山林寺院

1　首羅山遺跡とは

中世山林寺院

首羅山《しゅらさん》遺跡は、平安時代後期から鎌倉時代を最盛期とする中世山林寺院跡である。

山林寺院とは、山地に立地することに宗教的・歴史的意義をもつ寺院のなかで、比較的里に近い山地の寺院をいう。

首羅山遺跡は福岡平野の東の端、福岡県糟屋《かすや》郡久山町《ひさやままち》にある（図1）。久山町は九州自動車道福岡インターから五分、一六〇万都市福岡市に隣接していながら、人口九〇〇〇人あまり。一九五〇年代後半から開発をおさえる独自の政策をうちだし、町域の九七パーセントを市街化調整区域とし、計画的に自然を守る町づくりをおこなってきた。そのため、いまも自然と歴史遺産が豊かに残っている。

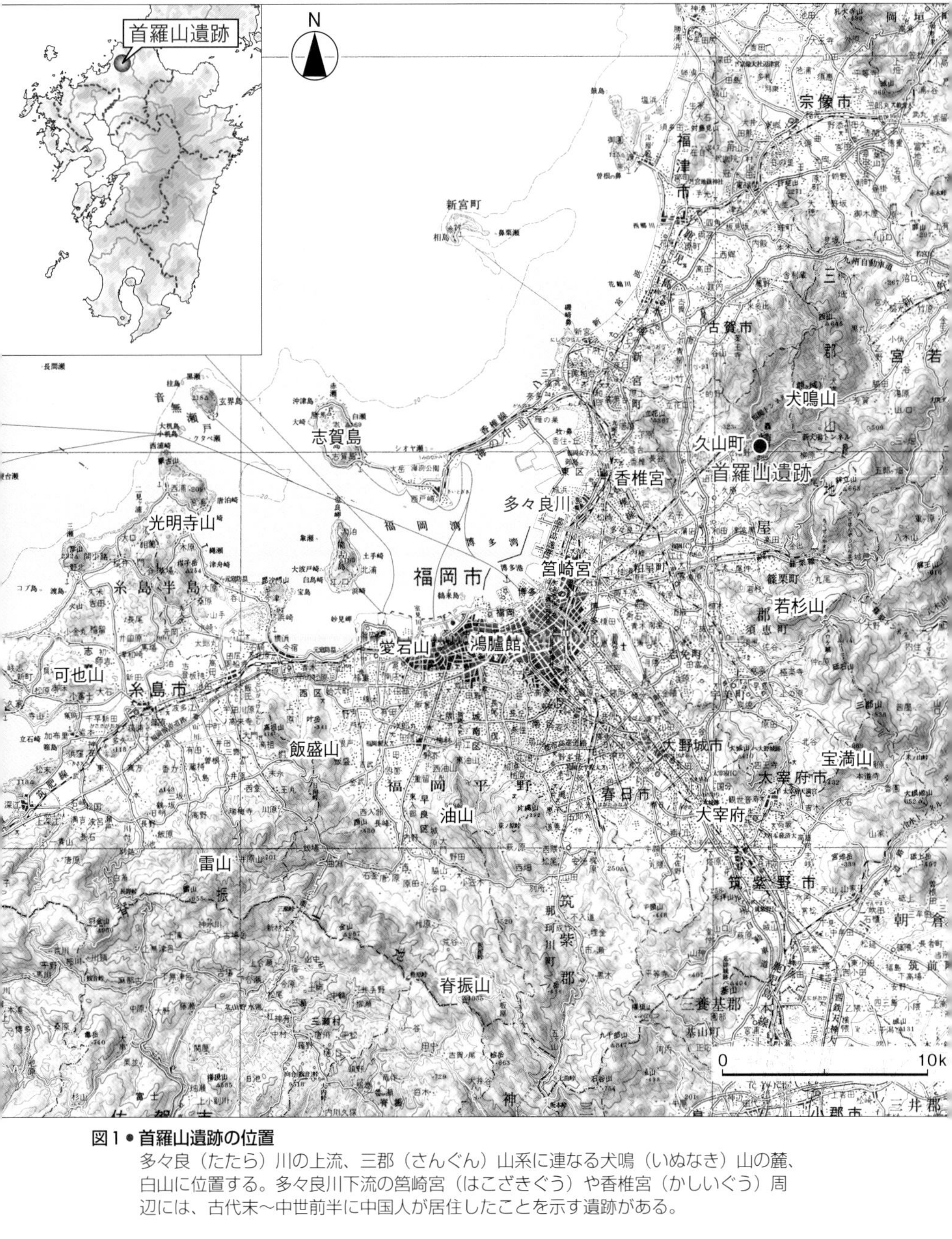

図１●首羅山遺跡の位置
多々良（たたら）川の上流、三郡（さんぐん）山系に連なる犬鳴（いぬなき）山の麓、白山に位置する。多々良川下流の筥崎宮（はこざきぐう）や香椎宮（かしいぐう）周辺には、古代末〜中世前半に中国人が居住したことを示す遺跡がある。

福岡平野の周縁には西に脊振《せふり》山系、東に三郡《さんぐん》山系があり、これら二つの山系が自然の要塞のように福岡平野をとりまいている。二つの山系の切れ間の、もっとも奥深くに位置するのが大宰府である。そして大宰府を守護した竈門山《かまどやま》（宝満山《ほうまんさん》）から連なる三郡山系の東の端、犬鳴《いぬなき》山《やま》の麓に「白山《はくさん》」（首羅山）がある。「白山」は近世以降の名称で、中世には「須良山《すらさん》」「首羅山」とよばれていた。

虎の首の伝説

首羅山は、聖武天皇の時代に僧源通《げんつう》が開山したと伝えられる。江戸時代後期の福岡藩士で国学者の青柳種信《あおやぎたねのぶ》が記した『筑前町 村書上帳《ちくぜんちょうそんかきあげちょう》』には、「首羅山由来書之写」と題してつぎのような話が伝わる。

七三〇年（天平二）に百済から白山権現が虎に乗ってこの山に降り立った。乗り捨てられた虎の猛威に怖れた村人がその虎の首をはねたところ、虎の首が光った。そこで虎の首を薄絹（羅物《らもの》）で包んで埋め、十一面観音を祀った。そうしたことから首羅山頭光寺本覚院《とうこうじほんかくいん》という。

現在も首羅山の麓には十一面観音を祀る首羅観音堂がある。また久原《くばら》の集落内には首羅山頭光寺が現存し、江戸時代に山中から掘りだされたとされる御汗如来《みあせにょらい》が秘仏として祀られている。

天平年間には百済はすでにないものの、虎に乗って神が降り立つという韓国に伝わる山神《さんしん》思想に通じる伝承は、大陸と深い関係をもつ寺院であることをしのばせて興味深い。

首羅山が文献にはじめて登場するのは、京都の石清水《いわしみず》八幡宮旧神官諸家に伝わる『石清水文書』のなかの一二四七年（寛元五《かんげん》）「法《ほっ》橋《きょう》栄舜《えいしゅん》譲状《ゆずりじょう》」で、「須良山之内常実房之本坊地壱段」とある。

また、中世の状況を知る文献として、首羅山の中興の祖とされる僧悟空敬念《ごくうきょうねん》について書かれた『本朝高僧伝《ほんちょうこうそうでん》』と『東《とう》巌安禅師行実《がんあんぜんしぎょうじつ》』がある。『本朝高僧伝』によると悟空敬念は鎌倉時代に宋に渡った禅僧で、京都の東福寺《とうふくじ》や博多の承天寺《じょうてんじ》を開山した円爾《えんに》に師事し、宋では径山万《きんざんまん》寿寺《じゅじ》の無準師範《ぶじゅんしはん》に師事した。帰国後は京都福田庵《ふくだあん》の住職などをへて、一二七二年に首羅山で亡くなったという。

まぼろしの山林寺院

首羅山の山中には、いまも大陸系の石塔が鎮座し、貿易陶磁器の優品が出土することから、最盛期には大陸色豊かな寺

図2● 首羅山遺跡上空から博多湾を望む
写真手前の山中に首羅山遺跡がある。左側の道路から右斜面が史跡指定されている。奥に博多の市街地と博多湾がみえる。現在、博多湾までは11kmほどあるが、中世には多々良川の河口が内陸まで入り込んでいて、港まで7～8kmであった。

院であったと考えられる。しかし、中世後期に忽然と姿を消し、その後の記録もわずかしかなく、調査開始前までは一部の研究者のみしか知らないまぼろしの山林寺院であった。

また、福岡藩の儒学者貝原益軒が著した地誌『筑前国続風土記』には、以下のような一文があり、江戸時代の首羅山の様子を伝えている。

「白山権現社　久原村白山の上にあり。高山也。白山権現を祭る。十一月初の卯日に祭あり。むかしは大社にて、社僧の寺院の総号を白山頭光寺泉盛院と号して、天台宗なり。僧坊は本谷に百坊、西谷百坊、山王五十坊、別に百坊、凡四所に僧坊三百五十区有しと云。其むかしの址を尋ね見るに、けにも土民の云伝へし如く、三百五十坊もありつらんと見えて、所々僧坊の旧跡おびたゝしく広し。皆荒野となれり。座主の坊を大石坊といひしとかや。」

かつて「三百五十坊」あったといわれる首羅山の寺院の総号は白山頭光寺泉盛院といったという。中世には「須良山」「首羅山」とよばれ、「スラ」「シュラ」が「シラ」に転訛して江戸時代に「白山」の字があてられたと考えられることから、江戸時代以前は「首羅山（須良山）頭光寺泉盛院《せんせいいん》」だったのだろう。中世に廃絶して以降は寺院が再興することはなく、江戸時代には宝満山修験の行場の一つとして春の峰入りのルートとなっていたものの、すでに荒廃している様子が書かれている。

地元の聞きとりでは、山のなかに「本谷《ほんたん》」「西谷《にしたん》」「屋敷跡」などの地名が残っていて、建物群があったことをうかがわせる。一九六〇年代後半におこなわれた杉・檜《ひのき》の植林の際にも、後に遺跡がみつかることになる主要な場所には植林されなかった。それは偶然ではなく、地元で口伝《くでん》として山の歴史が伝えられていた証であろう。調査がはじまるまで、首羅山遺跡は中世の寺院廃絶時のまま大きな土地の改変を受けることなく、静かに眠っていたのである。

2　地元の声からはじまった調査

地元住民の声

わずかな伝承しかなかったこの山の本格的な調査は地元の声からはじまった。いまから一五年以上前のことである。それ以前から町内の上久原《かみくばら》区の元区長であり、町誌編纂委員であった松尾秀一氏や文化財保護審議会委員の松尾健二氏が何度も、白山とよばれる山に遺跡がある、と久山町教育委員会の窓口に来られていた。

松尾健二氏は精力的に山を歩き、調査をつづけ、薩摩塔を発見し学会で発表していた。瓦や石塔、白磁《はくじ》や青磁《せいじ》といった貿易陶磁器、鉄滓《てっさい》、石鍋《いしなべ》の破片をもち込まれ、わたしたちはそのたびに驚いた。首羅山への興味がだんだんと膨らんでいったが、当時は日常の業務と緊急調査に追われ、町としても首羅山遺跡の調査に着手する余裕がなかった。

あるとき、町の文化財保護審議会で首羅山の山頂に行こうという話がもちあがった。松尾秀一氏の案内で視察することになった。

山は荒れていて鬱蒼とし、地面は枯竹に覆われていた。山頂には何とかたどりついたが、光の入らない暗い場所であった。昭和初期までここには白山神社があったという。現在麓にある白山神社は山頂にあったものを降ろしたものだ。

山頂には石の祠《ほこら》があるだけである。首羅山の北側の猪野《いの》地区に、いまもお参りをつづける方がいて、毎月一八日にはお参りをかかさず、石の祠のまわりはとてもきれいに掃き清められていた（**図3**）。祠の前にみたことのない石塔と壊れた狛犬《こまいぬ》のようなものがあったがそのときは気にもとめなかった。

九州歴史資料館が所蔵している白山神社経塚出土遺物は、山頂地区の祠周辺から盗掘されたものだとの説明をうけた。その日は帰りに道に迷い、暗い山のなかの道のない急斜面を転げるように下山した記憶がある。

その後、松尾健二氏の案内でふたたび山に入った。本谷沿いの道には枯れ竹が幾重にも積もり、その下に微かに流れる水の音がした。

西側には段状の平坦地がある。中腹はひどい竹藪であった。枯れた竹が倒れ、そこに葛《くず》がか

図3 ● 山頂のようす
江戸時代の祠の前に薩摩塔が2基、その前に宋風獅子一対が鎮座する。いまも月に一度のお参りがつづいている。かつてはこの場所に白山神社があった。

らみ、体ひとつ通らない。昼間というのに薄暗い藪《やぶ》のなかをバリバリと枯れた竹を足で折り、かきわけながら進んでいった。

「ここをどうやって調査するのだろう」などと考えながら歩いていると、足元に青磁や白磁のかけらが光っていた。歴史の断片を撒き散らしたようだ。遺跡は土中深くに埋まっているものと思い込んでいたわたしは、枯葉をとり除くだけでみえてくる歴史の痕跡に驚いた（図4）。

それから数年がたち、上久原区の高橋秀喜氏から、この山の歴史をきちんと調べてもらえないかという相談があった。寺があったという伝承があるが、本当かどうか知りたいというのである。財産区の土地でもあるので、なにもなければ有効利用したいという。

何とかしなければと思いつつ、道もない荒山でどうやって調査すべきかと悩んでいたところ、地域の歴史に興味があるからと、地元の佐伯勝

図4 ● 首羅山を踏査して発見した陶磁器など
石塔の破片、白磁や青磁、石鍋の破片などがみつかった。なかには薩摩塔の部材（右奥）や梵字文の瓦（中央）、中国・吉州窯の壺（中央やや下の渦巻き文様）などの貴重な遺物がある。

喜氏、安河内寿喜美氏、相良彰四朗氏が山内の道づくりのための伐採をしてくれるという申し出があった。こうして二〇〇五年、地元の方の地道で熱心な声と研究、そして協力があって、首羅山遺跡の調査がはじまったのである。

無名の遺跡から国史跡へ

二〇〇五年、福岡県教育委員会と協議し、西谷正先生を委員長、服部英雄先生を副委員長とする首羅山遺跡調査指導委員会を立ち上げ、調査を開始した。

文献にもない無名の遺跡であり、一部の研究者からはこの程度の遺跡はどこにでもあるとか史跡指定などできるわけないという言葉もあった。しかし第一回目の委員会で藪のなかの現地を視察された西谷委員長は「国の史跡になる遺跡です」と明言し、服部副委員長は「首羅山遺跡の本質的価値は対外交流にある」と指摘し、その後の調査にむけて進みだすことになった。

調査開始後すぐに着手したのは、山内の竹の伐採と地形の測量、指導委員会による地域への聞き取り調査や文献の集成、現状みられる石塔や山内で拾った土器や陶磁器のかけらの分析であった。

三年間、私たちは鋸《のこぎり》を手に、来る日も来る日も竹を切りつづけ、丹念な基礎調査をおこなった。その成果を二〇〇八年に『首羅山遺跡—福岡平野周縁の中世山岳寺院—』にまとめシンポジウムをおこなった。そして、こうした基礎調査をもとに、九州歴史資料館（杉原敏之氏担当）との共同調査という形でいよいよ発掘調査をおこなうことになったのである。

また、発掘調査と併行して歴史学・地質学・美術史・建築学・宗教史などさまざま分野の研究者と出土品や発見された建物の跡などについて検討を重ねた結果、首羅山遺跡は平安時代から鎌倉時代を最盛期とする国際色豊かな山林寺院であることが判明した。

そして二〇一三年三月、首羅山遺跡は国史跡の指定を受けた。指定面積は約四〇ヘクタールである。指定理由は、「国際貿易都市博多を舞台に活躍した博多綱首《ごうしゅ》と呼ばれる海商《かいしょう》がこの寺の造営や信仰に深く関わっていたことを示す遺跡であり、日本における中世山林寺院の多様性を示す上で重要である」というものである。町内の小学生や町民が、史跡指定以前から遺跡にかかわるさまざまな活動にとりくみ、地域のシンボルとして愛され、「ひとづくり」「地域づくり」に活きる遺跡であった点も高く評価された。

山の遺跡は調査事例が少ない。だからこそ無名

図5●調査をはじめたころの首羅山中
まったく手の入っていない荒山で、枯れた竹に覆われ前にも進めなかった。
地域のボランティアさんが伐採して道をつくるところから調査ははじまった。

の山にもまだ明らかになっていない歴史の痕跡がそのまま残っている。中世の平野部の遺跡は、近世以降の開発によって失われたものも多い。そうしたなかで、対外交流で栄えた北部九州の中世世界を良好な状態で残す遺跡が首羅山遺跡なのである。

3　山中に広がる坊跡

発見された寺院跡

首羅山は標高わずか二八八・九メートルの、里山ともいえるさして目立たない低山だ。しかし、江戸時代には山伏の重要な行場であっただけあって険阻《けんそ》である。中腹あたりから山頂にかけての傾斜はきつく、切り立った様相をしている。

遺構は山の南側に分布している（**図6**）。分布調査の結果、遺跡は山頂地区、本谷地区、西谷地区、山王《さんのう》・日吉《ひよし》地区の大きく四カ所に集中していることがわかった。

山頂地区は、現在の白山山頂西側、海側のピークに位置している。標高二六六メートル付近、広さ約四〇〇〇平方メートルだ。昭和初期まで白山神社があった。現在も祠が残り、祠の前面には礎石と六十数段の石段、その下には基壇状の高まりがある。

本谷地区は、本谷とよばれる谷筋にそって中世の参拝路が残り、平坦地が造成されている。面積約一〇万平方メートルで、首羅山遺跡でもっとも広い。本谷の最深部にも南北に軸線がある平坦地が段造成されている。

西谷地区は、本谷の西の西谷とよばれる谷沿いに展開する。西谷の谷沿いは三郡変成岩《さんぐんへんせいがん》とよばれるゴツゴツゴツとした岩にかこまれた深い谷となっている。谷沿いには中世の道がいまも残り、観法岩《かんぽういわ》などの奇岩がある。また西谷地区の西側の尾根上は墓《はか》ノ尾《お》とよばれ、鏡《かがみ》岩《いわ》という大岩を中心に墓地が広がっている。西谷地区の面積は約三万平方メートルで、谷に沿って平坦地があり、最深部にも平坦地

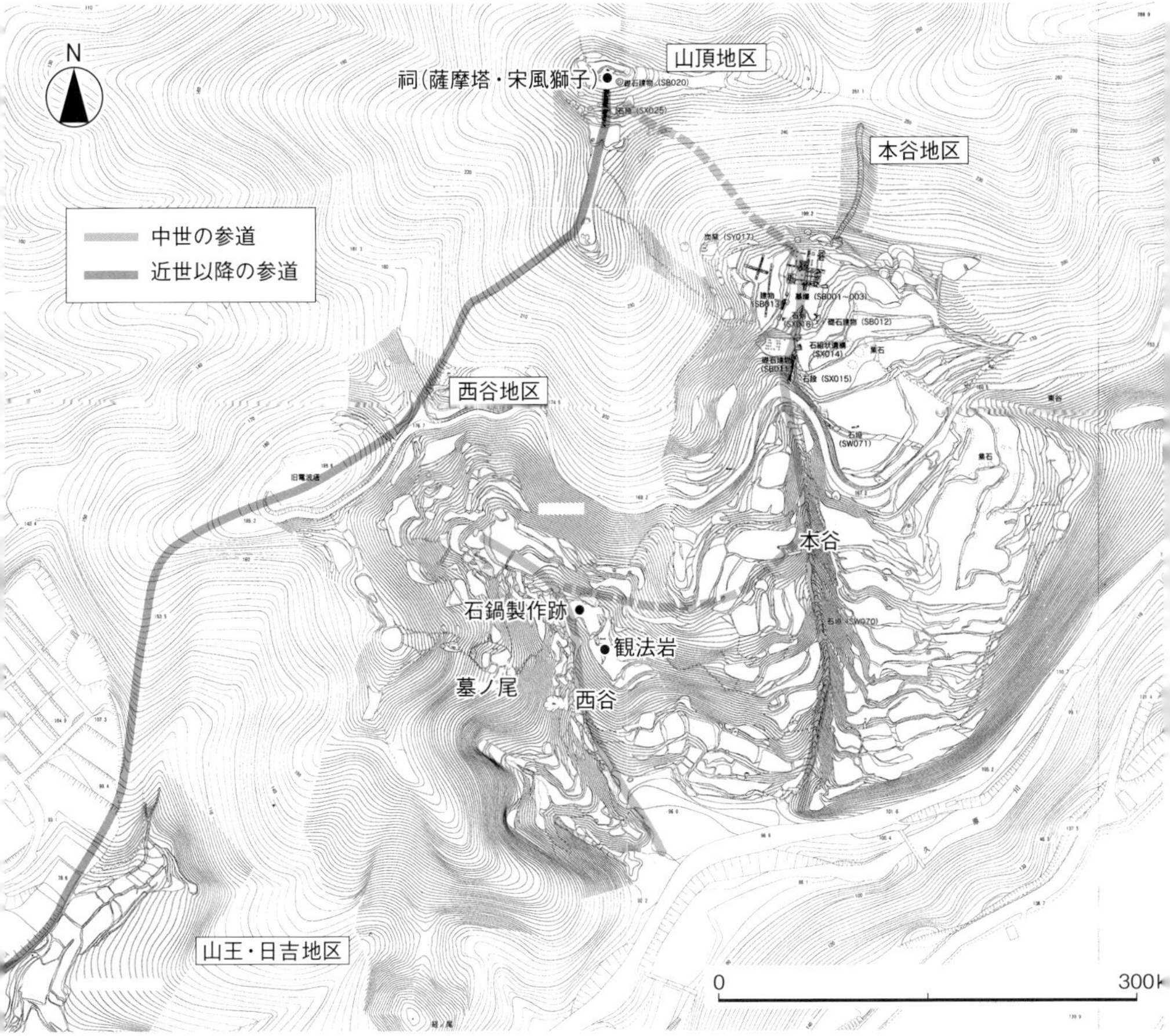

図6●首羅山の遺構分布
地形測量の積み重ねから、遺構（＝歴史の痕跡）は山頂地区、本谷地区、西谷地区、山王・日吉地区に集中していることがわかった。

が段造成されている。

山王・日吉地区は、首羅山の南西側の麓にあり、現在の白山神社の裏手にあたる。現在の小字は日吉だが、江戸時代には山王とよばれており、山頂への参拝路の久原側からの入り口であった。現在の登山道の入り口ともなっている。山王・日吉地区の面積は約五〇〇〇平方メートルあり、平坦地や石垣などがみられる。

山内で確認された平坦地は現状で一四〇カ所となっており、いまはだれもいないこの山に多くの僧坊《そうぼう》や宿坊《しゅくぼう》、寺があり、たくさんの人びとが行き交ったことが想像できる。本谷・西谷の谷筋には段造成が確認できており、中世の最盛期には本谷・西谷に沿った道が参道であったと考えている。それらの道は麓の久原の集落を通り、箱崎につづいている。

発掘調査は保存目的のため最小限にとどめているものの、寺院廃絶後ほとんど人の手が入ることなく現在に至っており、伐採や地形測量によっても、廃絶時の状況を知ることができるのである。

本谷地区

本谷地区では、谷筋に平坦地が確認でき、石垣をともなうものもあり、坊跡と思われる。谷の最深部では、伐採をした際に基壇《きだん》を発見した（図7）。基壇とは寺院などを建てる際に土を盛った建物の基礎の部分で、この基壇は高さが一メートル以上あり、正面と側面に二段の石垣を施している。調査の結果、山の中核寺院と想定される建物の基壇であることがわかった。南に面した基壇の正面からは、同じく博多をかこむ山々である九千部山《くせんぶさん》や脊振山《せふりさん》などの霊山が一望できる。

基壇の一部を深く掘ってみたところ、一メートル以上深い層から、さらに古い時期の基壇の痕跡を確認した。下層の基壇は出土遺物から一二世紀までさかのぼることが判明した。つまり、一三世紀段階で一二世紀の建物を壊し、その上に一メートル以上盛土し、南面する基壇をつくったのだ。一三世紀に南北を強く意識した大規模な土木工事をおこなっているのである。

西谷地区

西谷地区は深い谷部に滑石《かっせき》や蛇紋岩《じゃもんがん》の露頭があり、谷筋に沿って平坦地がつくられている。開山伝承にみられる観法岩や石鍋製作跡など奇岩があり独特の雰囲気がある。

谷の最深部に、岩にかこまれた約一〇〇〇平方

図７●発見時の本谷地区の基壇
伐採を進めていくと、幅20m、高さ1mほどの基壇と前面の石段を発見した。奥の竹が生えている部分が基壇の上面となる。

メートルの方形の平坦地があり、その平坦地をとりかこむように斜面の上部にも小さな平坦地がいくつもつくられている。広い平坦地の発掘調査では、池状遺構や滝状遺構、石垣などを検出し、庭園の跡と考えている。

谷の南側の尾根上には墓ノ尾とよばれる中世墓地群がある。正面の鏡岩という大岩を中心に、自然地形を利用して扇形に三段の墓域を形成しており、数十基の集石が確認できる。近世の地誌類に、「文保二年と記せる石二ッ有。」と書かれているのは現存する二基の板碑《いたび》である。

首羅山遺跡には多くの集石群があるが発掘調査はおこなっていない。墓ノ尾、本谷地区の集石群には盗掘の痕跡があり、周辺から高麗青磁の梅瓶《めいぴん》など高級な陶磁器の破片が出土している。

図8 ● 発見時の西谷地区
石鍋製作跡（上）と観法岩（下）の発見時の状況。観法岩は地元では源通岩・圓通窟ともいわれていた。山内唯一の石窟で、古墳時代には岩陰祭祀の場、近世には山伏の行場であった。

山頂地区

山頂地区では、九州歴史資料館が所蔵する白山神社経塚出土遺物が出土したと伝えられる。調査中に陶製経筒《きょうづつ》の破片も採取されており、複数の経塚があったと考えられる。

かつて白山神社が鎮座しており、延享《えんきょう》年間（一七四四―四八）の石製の祠と大陸系石造物である薩摩塔《さつまとう》二基、宋風獅子《そうふうしし》一対がある。これらの石造物は昭和四〇年代に、白山神社経塚出土遺物が盗掘された際に荒らされており（**図9**）、現在のものは地元の有志により復元されたものである。祠の前には、本谷地区の一三世紀の基壇と同様に軸線を南北にとる礎石があり、斜面には幅四メートルほどの六六段の石段がある。石段の下には基壇状の高まりなどが確認されている。

山頂地区の木々を伐採したところ、博多湾や福岡平野をとりまく霊山が一望できること

図9 ● 盗掘で荒らされた山頂地区（撮影：阿部重信氏）
昭和40年代に経塚の盗掘によって祠（写真左手）や薩摩塔（中央やや右手）がばらばらにされた。地元の有志がセメントを担いで登り修復し、現在の姿となっている。

がわかった（**図10**）。西には糸島富士《いとしま》といわれる糸島市の可也山《かやさん》を望み、西の糸島半島と東の志賀島《しかのしま》が重なり博多湾が湖のようにみえる。福岡平野周縁の山々のなかで山頂から博多湾が湖のようにみえるのは首羅山山頂地区以外ない。海が想像以上に近くにみえ、かつては大陸からの貿易船もこの山頂からみえたことだろう。

首羅山のピークは山頂地区からさらに東にあり、国土地理院の地図で「白山　二八八・九ｍ」と記載された場所である。現状では遺構らしきものは確認できない。

以上、地区ごとに述べてきたが、全山を通してみると、山頂地区に経筒や薩摩塔など聖域を象徴する遺物があり、谷にそって坊跡と思われる平坦地が確認できる。こうしたことから山全体をトータルに設計したことがわかり、各地区はそれぞれ異なる役割をもち、山全体で寺院として機能していたと考えられるのである。

図10●山頂地区からの眺望
史跡指定後に木々を伐採したところ、博多湾や周辺の霊山が一望できるようになった。糸島半島と志賀島の先端が重なり、博多湾が湖のようにみえる。また年に2回、糸島半島の可也山に夕陽が沈む光景をみることができる。

第２章　平安時代の首羅山

１　寺院のはじまり

福岡平野周辺の山林寺院の展開

首羅山遺跡は福岡平野の東の動脈ともいえる多々良川《たたらがわ》の上流に位置するが、多々良川流域には対外交流を示す遺跡が多く分布している（図11）。粕屋町《かすやまち》にある駕與丁廃寺《かよいちょうはいじ》は多々良川流域で最古の寺院で八世紀中葉といわれる。内橋廃寺《うちはし》や多々良込田遺跡《たたらこめだ》の出土遺物には、外国使節の迎賓館であり、後に唐からの船の積荷や商人の検査などのための宿泊所ともなった鴻臚館《こうろかん》で使用されたものと同じ系統の瓦や、越州窯《えっしゅうよう》系青磁などの中国の陶磁器などがある。

この時期の貿易は大宰府の役人により政府管理下でおこなわれるのが主流で、多々良川流域の遺跡で出土するものから、すでに多々良川河口も対外交易のひとつの拠点であった可能性が高いと考えることができる。こうした平野部の遺跡は寺院というよりも官衙《かんが》的な建物であったようだ。

やがて、神そのものであった山に仏教が浸透し、修行や祈禱をおこなうための寺社が山々にもつくられていく。七世紀後半の大宰府の設置後、鬼門の方角（東北）に位置する御笠山《みかさやま》（宝満山《ほうまんさん》）には竈《かま》門《ど》神社が創建される。

九世紀にはこのような国家的祭祀がおこなわれる山は宝満山以外にも薬王寺《やくおうじ》廃寺などいくつかあり、脊振山や福岡県添田町《そえだまち》の英彦山《ひこさん》、豊前市の求菩提山《くぼてさん》にも寺院があったと伝えられる。だが、考古資料からみると、その実態については不明な点が多い。

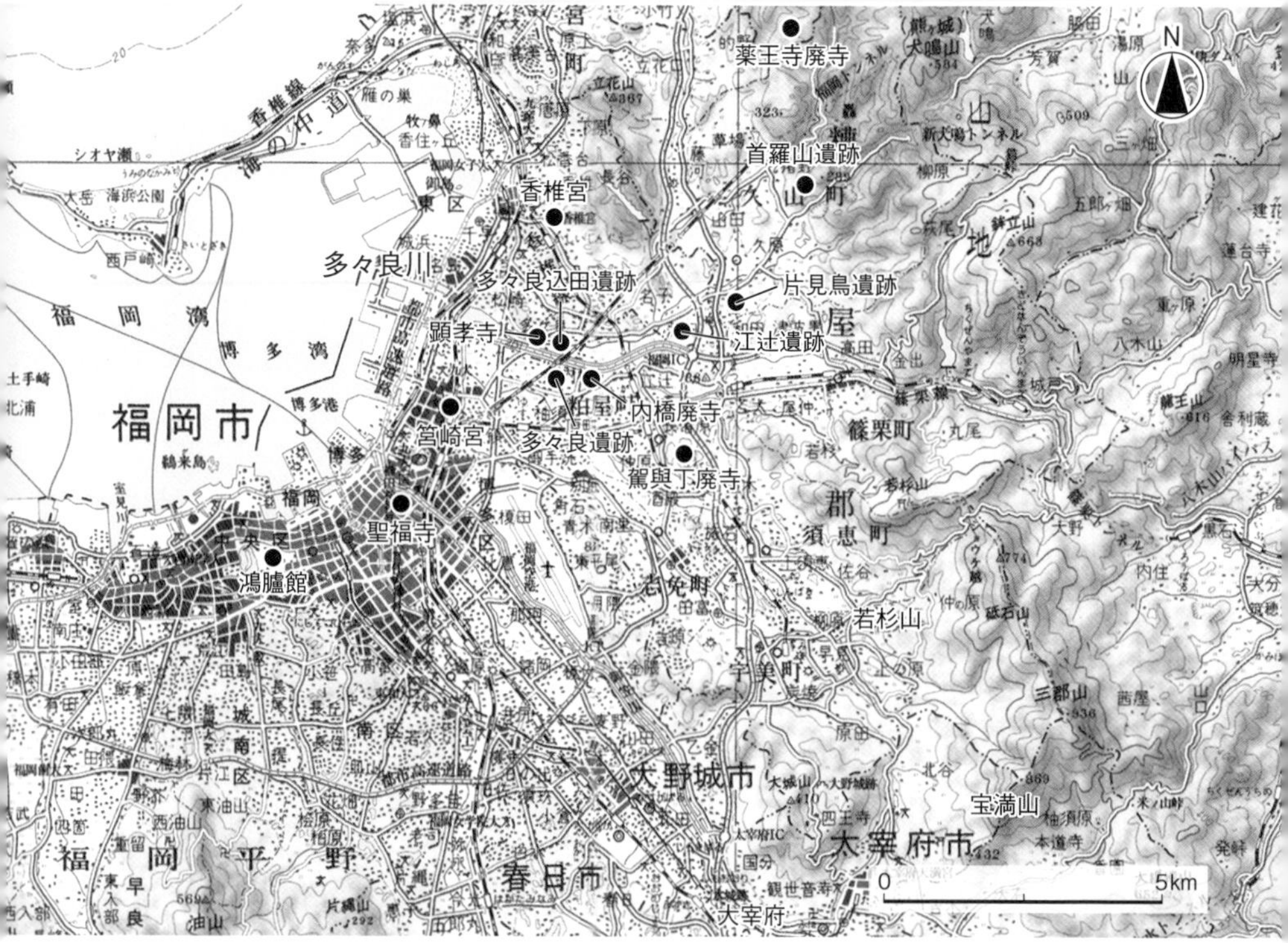

図11 ● 多々良川流域の遺跡分布
多々良川流域に対外交流を示す遺跡が多く分布する。粕屋町の江辻遺跡や久山町の片見鳥遺跡からは、韓国の松菊里遺跡と同じタイプの縄文時代晩期から弥生時代早期の住居跡がみつかっていている。

古代の山岳寺院・山林寺院についての調査例は少ないが、首羅山遺跡周辺では、八世紀にさかのぼる可能性のある若杉山《わかすぎやま》観音堂の千手観音立像をはじめ、久山町清谷寺《せいこくじ》の地蔵菩薩立像（図59参照）、十一面観音立像（図58参照）など平安時代前期の仏像が山裾や山中に伝えられ、寺院の展開の胎動がすでにはじまっていたことをうかがわせる。

福岡平野周縁の山岳寺院・山林寺院が増加するのは一一世紀後半ごろである。一〇世紀代に縮小した宝満山は、一一世紀後半から鎌倉時代にかけて比叡山の末寺の大山寺《だいせんじ》・有智山寺《うちやまでら》として再興する。さらに首羅山、背振山、油山《あぶらやま》、飯盛山《いいもりやま》、愛宕山《あたごさん》、光明寺山《こうみょうじやま》、雷山《らいざん》など福岡平野をとりかこむ山々に寺がつくられる（図1参照）。この時期になって山の寺が再興し、さして目立たない里山ともいえる低山にも新たな寺が開山されていくのである。

山の造成工事

首羅山遺跡でも一二世紀前半に堂宇《どうう》が建立され、寺院としての痕跡がみられるようになる。山に寺をつくるには、まず建物を建てることができる平らな地形とそれらをつなぐ道が必要である。平安時代の山寺では自然地形を利用して、広い尾根を平らに削り平坦地をつくることが多い。

首羅山遺跡では、すでに第1章でみてきたように、本谷地区、西谷地区ともに主要な平坦地は谷を埋めてつくっている（図12）。そして、谷筋に沿って参道をつくり、その参道にとりつくように一段から数段の平坦地をつくっている（図6参照）。

こうした平坦地のあり方は、福井県勝山市の白《はく》山《さん》平《へい》泉《せん》寺《じ》などにみられる、谷筋の参道に沿って平坦地が規則的につくられるものにくらべて、地形によって不規則につくられている点に特徴があり古いタイプと考えられる。

西谷地区の最深部の平坦地1では谷《たに》止《ど》めの石垣を施している（**図13**）。山内で産出する三郡変成岩の人頭大の割石を用い、高さ一・二〜二メートル、長さ一〇メートルで、谷筋を上がり込んだ正面にある。一部崩落しているが、平坦地1に上がり込む階段付近の石垣はよく残っている。

平坦地1付近では現状より三メートルほど下から一二世紀ごろの遺物が出土しており、大規模な造成をしていることが確認できる。調査指導委員であった林重徳氏の指導でおこなったボーリングによる地質調査で、深いところは八メートル以上の埋土の痕跡を確認した。

ボーリングデータを解析した柿原芳彦氏は、造

図12 ● 本谷地区の谷部の造成
基壇の北側（背面）と西側（左手）は急斜面である。東側は東谷とよばれる谷まで人工的に段造成されている。

成について、地滑りの地形であることに注目した。まず地滑りがあり、そこで眺望や土地の確保ができる、つまり地滑りでできた土地に何度も手を加えて平坦地を造成したのではないかと推察する。

さらに西谷では、谷の石鍋製作跡あたりに小さな空洞があり、水が少しずつ湧き出ていて、雨の後はこの流水口からかなりの水量の水が西谷に流れ込む。このことから平坦地に排水用の暗渠がつくられていたと考えられる。

西谷も本谷も現在の水量は少ないが、聞き取りでは新幹線の福岡トンネルの工事がおこなわれる以前は湧水があり、小魚がとれていたそうである。実際に西谷地区では、土錘《どすい》とよばれる漁労具の一種で網につける小さな錘が数点出土しており、いまよりも水量は多かったと考えられる。小さな空洞は平坦地の排水施設の痕跡であろう。

本谷地区では、さきに述べたように基壇の一部分を深く掘り下げ堆積の状況を調べた結果、一メ

図13 ● 西谷地区の谷部の造成
石垣は谷止めのためのものでもあったと考えられる。狭い谷を埋め立てて西谷地区の平坦地はつくられている。暗渠があるので雨が降っても水がたまることはない。

ートル以上も下に造成工事の痕跡がみられ、一二世紀の基壇を確認した（**図14上**）。この基壇は現状にみられる一三世紀の基壇の上面から約一・五メートル下にあり、一五メートル四方ほどの基壇の上に寺院が建立されていたと考えられる。この時期の基壇の造成は一三世紀の基壇にくらべると薄い層を重ね、ていねいにつくられている。西谷地区でも現状から八〇センチほど下で流路や立石の一部も確認できており、九世紀以降、数度の造成と建物の建て替えがなされたことが想定される。

以上のように一部分を深く掘るトレンチ調査しかおこなっていないものの、検出した遺構から平安時代後期から鎌倉時代にかけての造成の痕跡をみることができる。山を切り開き、谷を埋めて寺院をつくることを可能にする力と財力があった寺院が首羅山にあったことが、造成の痕跡からもわかるのである。

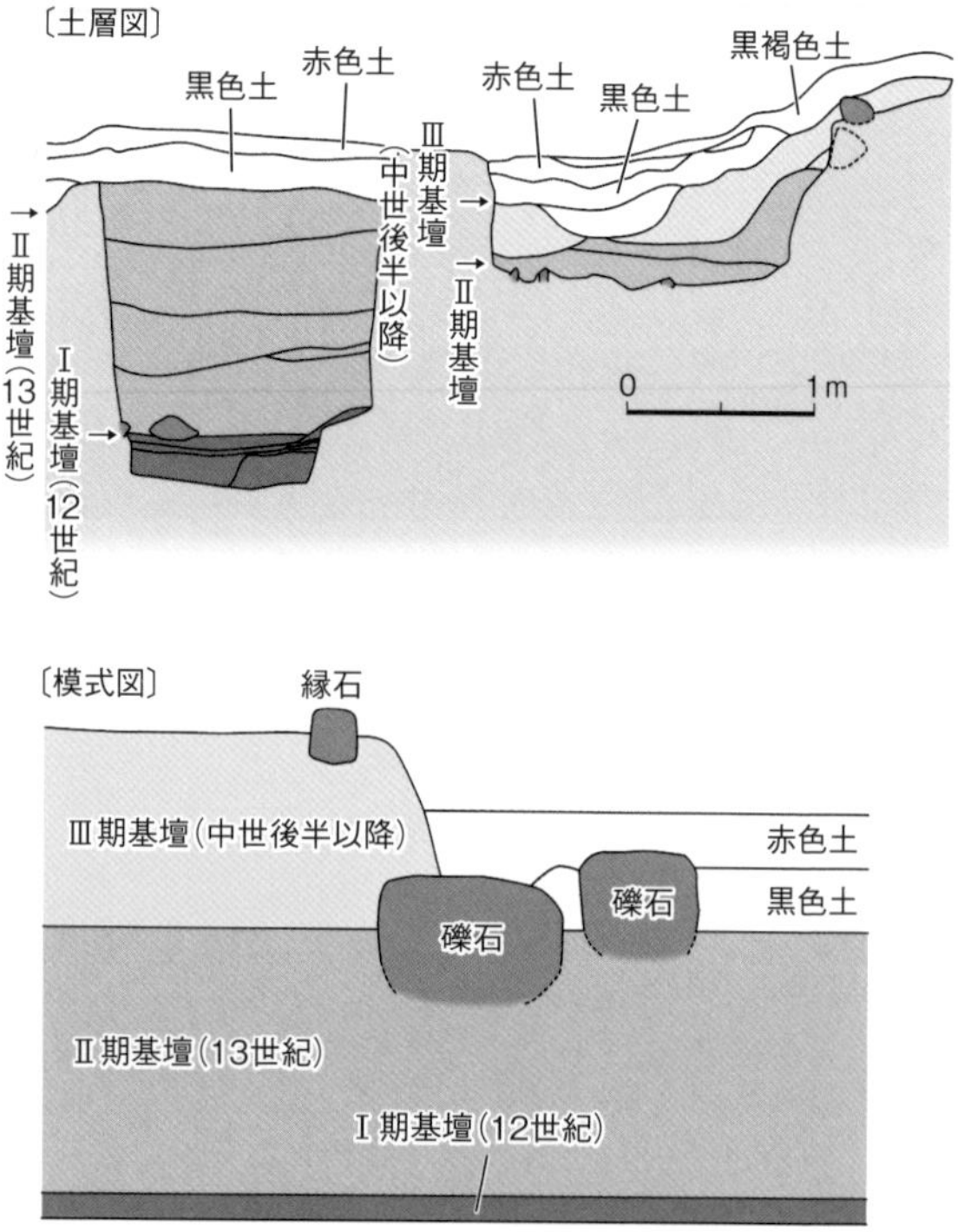

図14 ● 本谷地区の基壇の土層と基壇模式図
本谷地区の基壇（Ⅱ期）を軸線に沿って一部深掘りしたところ、古い段階の地表面と薄い層を重ねてつくった基壇（Ⅰ期）と思われる痕跡を確認した。下層から出土する遺物は12世紀の土師器で、13世紀以降のものはない。

２　経塚の造営

経塚とはなにか

平安時代末期、貴族を中心とした政治が衰え武士が台頭するなかで、世の中の治安が乱れていった。そのようななかで釈迦が入滅後に世が乱れるという末法思想が流行する。そして、弥勒菩薩が如来になる五六億七〇〇〇万年後まで経典を残すために各地で経塚がつくられるようになる。藤原道長が一〇〇七年（寛弘《かんこう》四）年に奈良県吉野の金峰山《きんぷせん》で造営したものが最古の事例であり、全国的に普及していくのは一二世紀以降である。

経典はそのまま土中に埋められるのではなく、銅製の経筒や陶器などの容器に入れられて埋納され、経塚の構造もバリエーションがあることから地域性や時期差がある。北部九州の経塚造営は天台密教系の山岳信仰と結びついたものが多いといわれ、時期的には国内でも早い時期で一一世紀後半にさかのぼる。

博多湾周辺でもっとも古い経塚は一〇七九年（承暦二）に、福岡市内にある香椎宮《かしいぐう》の僧が別当《とう》護国寺に納めたとされるものである。一一〇六年（長治三）には大宰府の北西に位置する四王寺山《しおうじやま》にも経塚がつくられ、その後、北部九州の山々にも経塚がつくられていく。

伝白山神社経塚出土遺物

首羅山遺跡でも一二世紀前半、山頂に経塚が造営される。山頂地区出土と伝えられる「伝白山神社経塚出土遺物」（図15）は、中国福建省産といわれる黄褐釉《おうかつゆう》四耳壺のなかに、青白磁の合子《ごうす》、湖州鏡《こしゅうきょう》、短刀、銅製経筒が納められていた。

銅製経筒は北部九州の経塚の特徴である積み上げ式経筒で、銅版をまいて輪にしたものを四段積み上げた経筒である。一九九九年に宮小路賀宏氏の再調査によって、経筒に線刻された銘文があり、底部に「徐工《じょこう》」という中国人名の墨書があることがわかった。

線刻には「敬白　如法妙法蓮華経六十六部内書写一門眷属代々息災延命七難即絶為妙香現世二世安穏乞大願為奉納也　施主　□　天仁二巳丑□日　大勧進僧　実□」とある。

平安時代後半からはじまったといわれる六十六部巡拝の風習、つまり修験者でもあったとされる聖が施主にかわって全国六六カ国の寺社に一部ずつ納経するという所作が、首

図15 • 伝白山神社経塚出土遺物
首羅山遺跡山頂地区で昭和40年代に発見されたとされる。現在は九州歴史資料館に展示されている。銅製経筒には天仁二年（1109）の線刻と、底部には「徐工」という中国人名の墨書がある。

羅山で天仁二年（一一〇九）におこなわれていたことが記されており、現状で確認される最古の六十六部巡拝の事例であり、最古の四段積上式経筒となる。

また、山頂地区では陶製の経筒の破片も出土している。陶製の経筒は中国から輸入された陶磁器である。同じタイプの陶磁器が中国本土から出土しないことから、陶製経筒は日本からの受注生産であったのではないかといわれている。陶製経筒の破片の出土から、複数の経塚があったことが想定され、一二世紀前半に山頂地区に経塚群が形成されていたと想定される。

以上のように、首羅山遺跡山頂地区で発見された経塚の遺物からは、天台密教系の所作である経塚造営に中国人がかかわっていることがわかり、すでに一二世紀に首羅山が大陸とかかわりがあったことを示す遺物でもある。

3　石鍋製作跡の謎をとく

西谷地区の谷筋に、直径三〇～六〇センチほどの塊を削り出そうとした跡が残る大きな岩塊がある（図16）。平ノ内幸治氏が発見したもので、石鍋の製作跡である。この岩塊は滑石《かっせき》でできており、粗く削り出したものや形を整えて母岩《ぼがん》から切り出す寸前の痕跡があり、製作工程が残る遺構である。その後、周辺を調査したが、こうした痕跡はほかにみられなかった。

石鍋とは主に平安時代から鎌倉時代に流通した滑石製の鍋である（図17）。当時は素焼きの土鍋が主流であったなかで、耐久性と保温性にすぐれた石鍋は高級品であった。

古い時代のものは鍋の口縁部付近に瘤《こぶ》のような耳が四つつき、時代が下ると鍔《つば》がつくようになることがわかっている。初期の四つ耳の石鍋は大宰府や博多、喜界島など国際貿易にかかわる地域に集中して出土しており、大陸に由来する道具であると考えられている。

国内の製作跡は北部九州と山口に偏在し、なかでも最大の製作跡は長崎県西彼杵《にしそのぎ》半島にあるホゲット遺跡である。福岡県内でも三郡山系を中心に滑石の露頭《ろとう》があり、首羅山のほかに首羅山の南に位置する篠栗町南蔵院《ささぐりまちなんぞういん》などに製作跡があるが、その規模はホゲット遺跡にくらべると比較にならないくらい小さい。

首羅山遺跡からは石鍋の破片も出土している。初期の四つ耳タイプから鍔がつくものまであり、石質の肉眼観察から首羅山で製作されたものではなく、搬入品が大半を占める。なかには太宰府市の観世音寺《かんぜおんじ》出土の石鍋と石質が似る復元口径五〇

図16 ● 石鍋製作跡
西谷の谷筋にある。母岩から剥ぎとる寸前の状態で残っている。製作の際の区割りなどはみられず、石の状態がよいところを利用している。

センチを超える大型品の破片も含まれる。

西谷の石鍋製作跡では、ホゲット遺跡などでみられるような剝ぎとりの規格性はみられず、石質のよいところなどを不規則に剝ぎとろうとしていることがわかる。母岩から切り出す直前のものも残されていることから、途中で製作をやめ量産されることはなかった。篠栗町南蔵院に残る石鍋製作跡も、首羅山遺跡と同様に試作の段階であったことも考えられる。

この石鍋製作跡の年代については、剝ぎとり寸前の塊をよく観察すると隅丸方形であり、おそらく四つ耳をつけるタイプの石鍋を製作する途中であったと思われる。石鍋の編年には諸説あるが、四つ耳タイプの石鍋は古い段階の石鍋に位置づけられる。また石

図17●石鍋の完形品と首羅山遺跡で出土した石鍋の破片
上：博多遺跡から出土した石鍋（左は四つ耳タイプ、右は鍔タイプ、手前は四つ耳タイプのミニチュア）。
下：首羅山遺跡出土の石鍋の破片で、左は鍔タイプ、右は四つ耳タイプ。天承元年（1131）の「筑前国船越荘未進勘文」によると、石鍋4個と牛1頭が交換されるほどの高級品であった。

鍋製作跡は、上の平坦地の暗渠の排水口の真下にあることから、製作跡付近は当時かなりの水量があったと思われ、石鍋の製作の年代を造成開始後に位置づけにくく、造成前の段階と考えられる。

『日本三大実録《にほんさんだいじつろく》』には、九世紀後半に唐の商人が長崎県五島列島の小値嘉島《おじかじま》に停泊して「奇石」や「香薬」を探したとの記載があり、石鍋の石材を探していたのではないかという解釈もある。石鍋製作跡付近からは九世紀にさかのぼる白磁の碗や水注《すいちゅう》といわれる水差しなど中国産の陶磁器の破片が確認されており、他の地区に先駆けてこの時期に山内の活動がはじまっていることがわかる。

以上のような点に加え、首羅山が大陸色の強い山であることを考えると、首羅山の石鍋製作跡は開山時期に中国人が関与して試作された痕跡とも考えられるのである。

4　貿易陶磁器の優品と梵字瓦

国内での出土例が少ない陶磁器片の出土

首羅山遺跡では一一世紀から一三世紀の遺物がもっとも多く出土する。出土する陶磁器類の傾向は、大陸から輸入された陶磁器の出土の割合が比較的多い点など、福岡平野周辺にみられる傾向から大きくはずれるものではない。

貿易陶磁器では白磁や青磁の碗や壺が多くみられ、中国の吉州窯の鉄絵の壺や高麗青磁の梅瓶など、日本での出土例が少ない陶磁器の破片も確認できる。また、中国産の素焼きの坏《つき》や壺など、商品というよりもむしろ生活用具のような遺物もみられ、首羅山に中国人が滞在もしくは居住していた可能性を示している。

首羅山遺跡の出土品のなかで、青白磁刻花《こっか》文《もん》深鉢《ふかばち》と高麗青磁印花《いんか》文《もん》香炉《こうろ》は国内でも同様の遺物の出土はほかにみられず、とくに目を引く優品である。

青白磁刻花文深鉢

青白磁刻花文深鉢は本谷地区の基壇造成土中から出土した（図18）。白色の精製された土を用い、器壁は薄く仕上げられ、釉《うわぐすり》はやや青みを帯び透明感がある。口縁部付近には鋸歯文《きょしもん》をめぐらせている。復元口径一五・四センチの円筒形の深鉢で、中国景《けい》徳鎮《とくちん》産である。ほかに国内出土事例はなく、中国の事例を含めても世界での出土例は一〇例に満たない。

国内の類例として出光美術館所蔵の青白磁刻花蓮《こっかれん》

図18●青白磁刻花文深鉢（左：出土破片、右：復元品）
本谷地区の基壇造成土中や西側の一段高い平坦地から発見された。出光美術館所蔵品とは同じ時期に同じ窯で焼かれたものであろう。12世紀後半の景徳鎮産と考えている。

華文《げもん》深鉢がある。伝世品で完形である。口径一四・五センチの円筒形の深鉢で、薄くつくられた胴部には流麗な蓮華文が浮き彫りされており、蓮華文の隙間を櫛目で埋めている。北宋期とされるがやや時期が下る可能性もある。当時の最高級品の陶磁器の一つであり、香炉として使用されたと考えている。首羅山遺跡出土例と出光美術館出土例をくらべると、文様構成や大きさ、さらに実見した色調などよく似ており、同じ窯で同じ時期に焼かれたものと考えてよい。

高麗青磁印花文香炉

高麗青磁印花文香炉もまた本谷地区の基壇付近で発見された遺物である（図19）。方形で、

図19●高麗青磁印花文香炉（上：出土品、下：復元品）
ソウル国立中央博物館所蔵の高麗王朝の香炉と同じ型を使ってつくられた。首羅山遺跡出土品は輸出品としてつくられたものであろう。

文様は型押し、雷文《らいもん》を下地にして、上段には龍文《りゅうもん》、下段には饕餮文《とうてつもん》が施される。饕餮文とは古代の中国の青銅器などに施される文様で、神話にでてくる怪物の文様である。胎土は精製されており、灰色である。釉はややくすんだ青緑色である。

韓国の全羅南道《ぜんらなんどう》康津郡《かんじんぐん》沙堂里《さどうり》堂前窯《どうまえよう》など、官窯とよばれる王室御用達の窯跡の出土品で同様の破片が確認されている。韓国の伝世品の類例としてはソウルの国立中央博物館所蔵の高麗王朝が所持した青磁陽刻饕餮文方形香炉がある。

首羅山遺跡出土破片と韓国国立中央博物館の香炉を実際に比較したところ、同じ型を用いてつくられたものであることが判明した。ただし首羅山遺跡出土のものは高麗王朝の所持した香炉にくらべて器壁は薄く、釉も薄く施されているなどやや粗雑さが目立ち、輸出品としてつくられた可能性が高い。一二世紀から一三世紀初頭に製作されたと考えられる。

梵字の瓦

陶磁器のほかにこの時期の特徴的な遺物として、本谷地区で出土する瓦がある。当時、瓦葺の建物は大宰府の観世音寺や安楽寺《あんらくじ》、武蔵寺《ぶぞうじ》など有力寺社にかぎられていた。

瓦は基壇建物の上段の平坦地に集中して出土する。梵字文軒丸瓦《ぼんじもんのきまるがわら》と連巴《れんどもえ》・剣頭文軒平瓦《けんとうもんのきひらがわら》、二重格子の平瓦と丸瓦のセットが出土している（図20）。鬼瓦の破片もいくつか出土している。

梵字文軒丸瓦は連座《れんざ》の上に胎蔵界大日如来種子《たいぞうかいだいにちにょらいしゅじ》を示すキリークの「ア」を配し、まわりに連珠《れんじゅ》文《もん》とよばれる丸い珠《たま》を施している。

梵字文軒丸瓦は京都周辺や大和、河内に集中し、九州での出土例は宇佐《うさ》の弥勒寺《みろくじ》、豊前の蔵持山《くらもちやま》の出土例に限られる。弥勒寺や蔵持山では軒丸瓦は種子のまわりに円圏《えんけん》を施すのみで連座や連珠文はない。

連巴・剣頭文軒平瓦は剣頭文と巴文を組み合わせたものである。平瓦も弥勒寺のものと類似するが、その製作技法にちがいがみられる。瓦の年代は一二世紀後半から一三世紀初頭と考えられる。

以上、遺物を検討すると、首羅山の信仰のはじまりは西谷地区の観法岩付近での古墳時代の䞂《はそう》の出土から七世紀ごろにさかのぼり、岩陰祭祀に起源をもつのではないかと考えられる。さらに、越州窯系の陶磁器などが出土することから、平安時代前期、九世紀ごろに西谷地区の造成がはじまった可能性が高い。貿易陶磁器の優品や梵字文の瓦の出土から、首羅山は平安時代、一二世紀には大陸や都と関係が深い有力寺院であったと考えられるのである。

図20 ● 梵字文軒丸瓦と連巴・剣頭文の軒平瓦
首羅山遺跡から出土する瓦のほとんどは同じ形式のものである。
梵字文軒丸瓦は宇佐弥勒寺・蔵持山に、連巴・剣頭文の軒平瓦は、
大宰府の有力寺社や香椎宮などにみられる。

第3章　鎌倉時代の首羅山

1　薩摩塔と宋風獅子

薩摩塔

鎌倉時代（一二世紀後半〜一四世紀前半）の首羅山遺跡を象徴するのは、山頂地区に鎮座する薩摩塔と宋風獅子である（図3参照）。

山頂地区は、山頂そのものではなく、山頂よりも二〇メートルほど低い、海に近いピークにあり、博多湾や周辺の霊山を一望できる。鎌倉時代につくられた幅四メートルの六六段の石段（図21）を登ると、祠（江戸時代につくられた）と薩摩塔・宋風獅子がある。石段の下には二〇×一五メートルほどの基壇状の高まりがあり、ここに建物があった可能性が高い。

大正時代まで山頂地区には白山神社があり、祠周辺には覆屋があったという。白山神社は昭和初期にはすべて麓におろされたが、現在も地域の方のお参りがつづいている。

薩摩塔は東塔と西塔の二基がある（図22）。昭和四〇年代に経塚が盗掘に遭った際に一部壊されている（図9参照）。現在の形は当時の上久原区の有志が散在する部材を復元し、一部補修したものである。

東塔は高さ九三・五センチで風化がやや進んでいる。瓦を表現した屋根と塔身部に刻まれた雲文《うんもん》が特徴的である。西塔は高さ一一八センチで屋根が欠損し、昭和四〇年代の補修の際にコンクリートで丸い石を屋根の部分に乗せている。卵形の塔身部と刻まれた尊像、四天王の彫刻が特徴的である。

図21 ● 山頂地区の66段の石段（13世紀）
山頂地区にむかう幅4m、66段の石段。石段の下にも基壇状の高まりが確認できる。南北を意識してつくられている。

中国でつくられ日本に持ち込まれた石塔

薩摩塔とは、鹿児島県で最初に発見されたことから名づけられた石塔である（図23）。須弥壇のような台座の上に壺型の塔身部が乗り、屋根がつくのが特徴で、台座には四天王が、塔身部には尊像が刻まれる特異な形式の石塔である。高さ二メートルを超える大型のもの、一メートル前後のもの、四〇から五〇センチの小型のものがある。

図22●薩摩塔（13世期、南宋）
右上：東塔（高さ93.5cm）。中央の欄干の部分が欠損し、周辺は補修されている。
左上：西塔（高さ118cm）。屋根の部分が欠損し、補修されている。本来は東塔のような屋根であったと考えている。下段の４点は西塔軸部の四天王像。

本格的な研究がはじまる以前は、薩摩塔は南北朝期、一四世紀ごろに日本でつくられた石塔と考えられていた。しかし、一九九八年に大石一久氏が薩摩塔の分布を詳細に調べ、博多周辺、長崎県平戸、鹿児島県坊ノ津周辺といった中世の貿易港周辺にその分布が限られることから、大陸招来の石造物の可能性があることを指摘した。

さらに首羅山遺跡の調査指導委員会委員である井形進氏は美術史の立場から彫刻などを細かく分析し、山頂地区の薩摩塔・宋風獅子は南宋期、おおむね一三世紀の大陸からの搬入品であることを指摘した。

また、鹿児島大学の大木公彦氏らの研究により、薩摩塔の石材が中国の寧《にん》波《ぽう》付近で採掘される梅園石《ばいえんせき》であること

図23 ● 鹿児島県南九州市水元神社の薩摩塔
薩摩塔の名前の由来になった塔の一つである（高さ194cm）。

図24 ● 卒塔婆式石塔（中国浙江省阿育王寺）
浙江省を中心に分布している。いずれも3m以上ある大型品である。

がわかった。梅園石はバリエーションがあるものの、紫色がかった色調をした石で、寧波周辺でも南宋期の石造物の材料とされている。以上のようなことから薩摩塔は中国でつくられ、日本に持ち込まれた石造物であることが明らかになった。

一方、中国本土においては、寧波大学の劉恒武氏の研究により、卒塔婆《そとば》式石塔とよばれる薩摩塔に似た石塔が浙江省を中心に分布することが指摘された（**図24**）。中国の卒塔婆式石塔はほとんどが三メートル以上の大型の石塔で、須弥壇状の台座に欄干の表現がないなど細部の構造が薩摩塔とは異なる。

現状では中国で薩摩塔と同じ構造の石塔は確認されておらず、陶製経筒のように、日本からの、もしくは日本に

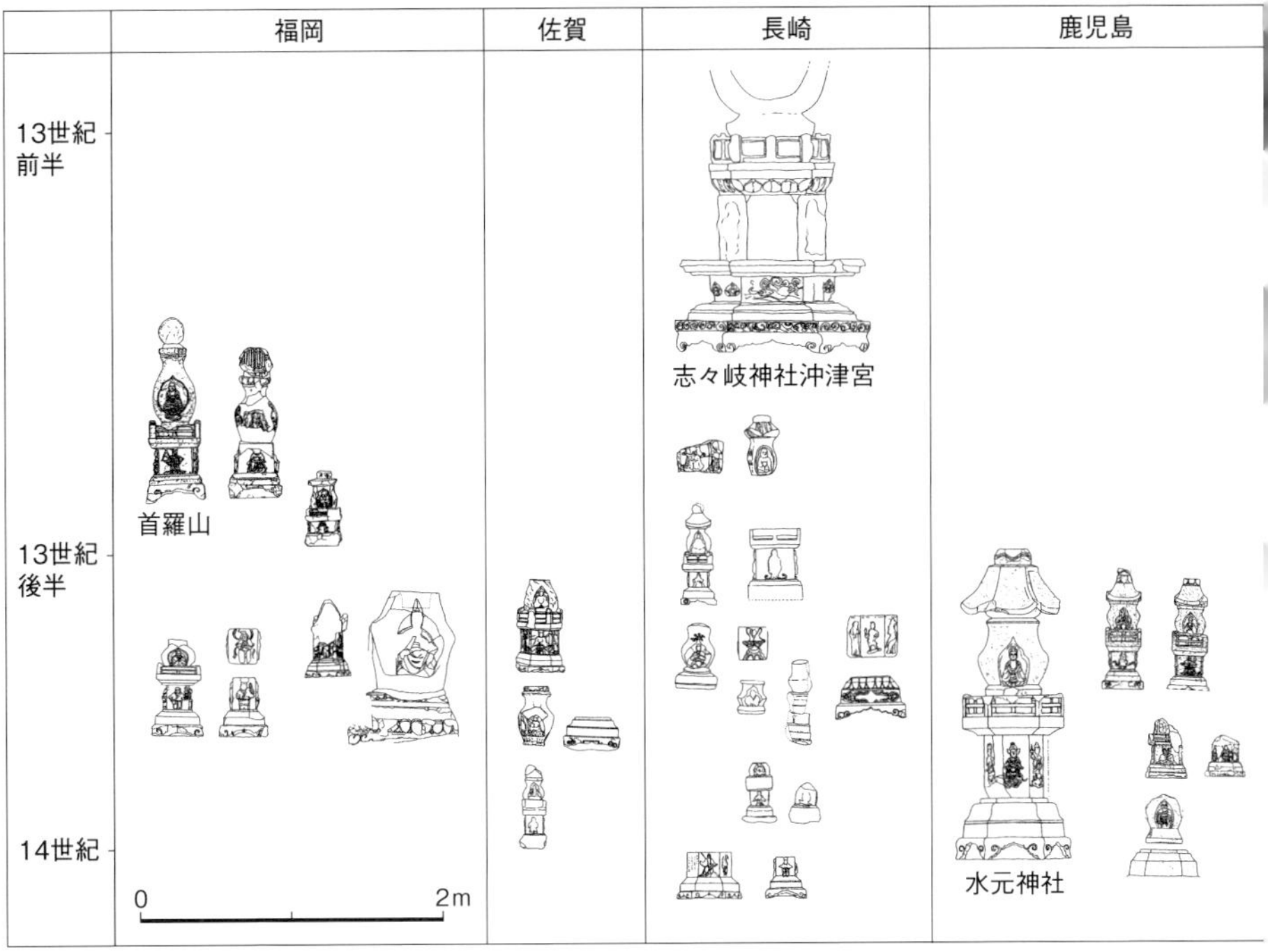

図25 ● 薩摩塔編年表
薩摩塔は屋根から傘へ、塔身部は卵型から肩の張るものへ、下框は薄いものから厚いものへと変化する。13世紀後半になると小型品が多くみられるようになる。首羅山遺跡のものは博多湾周辺では古い段階のものとなる。

住む中国人からの受注生産であり、海を行き来して貿易をおこなう海商たちの信仰の塔である可能性がある。

薩摩塔の編年

薩摩塔の形状の変化から、編年表を作成した（**図25**）。屋根は瓦の表現から笠に、塔身部は卵形から肩が張るものへと、形が変化していくことがわかった。

長崎県平戸にある支々岐《ししき》神社沖津宮《おきつみや》の一三世紀前半の塔（**図26**）を最古として、その後福岡にも出現する。福岡市の興徳寺《こうとくじ》の四天王が刻まれた台座など年代や型式がしぼりこめない事例はあるが、現状では福岡での最古の薩摩塔は首羅山山頂地区のものである可能性が高い。福岡の薩摩塔は一三世紀中ごろから後半という比較的短い期間に限られる。

一三世紀後半になると鹿児島にも薩摩塔が出現する。長崎では一三世紀後半以降、高さ四〇センチほどの小さなものが多く分布するようになり、その立地は海のみえる山頂から、時代が下ると田平《たびら》など平戸市周辺の平野部に分布するようになる。こうした平野部の分布はある時期の海商の居住域を示しているのかもしれない。

図26 ● 平戸市の志々岐神社沖津宮の薩摩塔
台座付近には雲文など流麗な模様がみられ、周辺には屋根の破片も確認されていた。復元すると高さ3mほどになる。

宋風獅子

宋風獅子は、顔の破損がひどいもののいわゆる子《こ》持玉取《もちたまとり》で一対である（図27）。鋭い爪や玉のリボンなどの彫刻が特徴的である。現高は五〇センチほどである。

宋風獅子とは、中国の宋でつくられた石造の獅子像である。日本の狛犬とはちがい、獅子（ライオン）であるので、鋭い爪をもち、角ばった顔をしており、大きな鈴がついた首輪をしていることもある。子獅子を抱いたものとリボンがついた毬《まり》をもつものが一対をなす。現在までに一七例が確認されている。代表作として宗像大社《むなかたたいしゃ》と観世音寺《かんぜおんじ》が所蔵する宋風獅子がある。

宗像大社の宋風獅子は建仁《けんにん》元年（一二〇一）の銘文がある。一対で、高さ六〇センチほどである。角ばった堂々とした顔つきで阿形《あぎょう》と吽形《うんぎょう》である。石材は石灰岩といわれ白っぽい色調で、調整もていねいである。観世音寺の宋風獅子は筋肉隆々とした獅子

図27 ● 宋風獅子（13世紀、南宋）
頭部が壊されているが、足の鋭い爪や子獅子のたてがみなどが確認できる。
東西の獅子で、子持玉取の一対となる。どちらも西側の薩摩塔と石材や彫刻
技法がよく似ている（左が東側、右は西側）。

像で顔を大きく後ろに反り、筋肉質である。江戸時代の地誌には、「紫石製で中国からもたらされたものである」という記述がある。

首羅山遺跡の宋風獅子についても井形進氏が詳細な研究をおこなっている。顔の部分が破壊されているが、よく観察すると、東側の獅子が子獅子を抱き、西側の獅子像には毬のリボンの表現があり、子持玉取の一対をなしている。東の像は直毛のタテガミを表現し、西側は巻き毛のタテガミである。筋肉質の肉感のある四足を表現し、足の先にはするどい爪がある。身体の表面は細かい彫刻で毛質をあらわし、触るとざらざらとしている。

首羅山近郊の若杉山太祖神社《わかすぎやまたいそ》には一対と一躰、合計三躰の宋風獅子が伝わる（図28）。首羅山の失われた獅子の顔もこの太

図28 ● 若杉山太祖神社の宋風獅子（13世紀、南宋）
首羅山の南に位置する若杉山でも香炉や石塔など南宋期の大陸系石造物が確認されている。首羅山遺跡の宋風獅子の破損した顔はこのような感じであったと考えている。九州歴史資料館に展示されている。

祖神社のものを参考にしていただきたい。

宋風獅子は、宗像大社や東大寺南大門の石獅子の例などから、正面をむき角ばった顔をするものがもっとも古く、その後、観世音寺や太祖神社の一対の獅子のように体をややくねらせて顔が横にむくようになり、さらに丸みを帯びた肉感のある体つきになるものがつづくのではないかと考えられている。その後、福岡市の飯盛《いいもり》神社や山口県長門市の熊野権現神社の獅子のように、顔が小さく首がやや長くなり躍動的な体部をもつようになるのではないかといわれている。首羅山遺跡の宋風獅子は、宗像大社のものと観世音寺のもののあいだの時期にあたると考えられる。この時期に宋風獅子が分布するのは北部九州を中心とし、また大陸と深い関係がある寺社に集中している。

薩摩塔・宋風獅子の分布

首羅山の調査開始時には二六例しか知られていなかった薩摩塔も、研究が進むにつれ発見が相次ぎ、現状では四六例ほど確認されており、まだ増えることが予想される。その分布は九州の西半分に限られ、東限が首羅山遺跡である。山頂や海に近い場所に多く分布する。

宋風獅子は、現状では国内で一七例しかみられないが、そのうち一一例が福岡と長崎に集中し、分布に偏りがみられる。

一二世紀の中国人名を有する経筒と一三世紀の薩摩塔・宋風獅子の分布を示したのが図29である。経筒や大陸系の石造物は茶碗や皿などとちがい簡単に流通するものではなく、大陸から運ばれ、その目的地に当時のまま残っていることが多い。中国人名を有する経筒は北部九州の東側に集中しているが、一三世紀の宋風獅子は長崎・福岡・山口と本州の一部瀬戸内海沿いに分布する。薩摩塔は九州の西半分にのみ分布しており、それぞれ分布地域がちがっていることがわかる。

図29●九州における中国人名を有する経筒と薩摩塔・宋風獅子の分布
大陸とかかわる特徴的な遺物として12世紀の中国人名を有する経筒と13世紀の薩摩塔・宋風獅子の分布を示した。12世紀には北部九州に偏在し、13世紀になると九州の西半分に分布域が変わることがわかる。

中国人名を有する経筒や大陸系の石造物の分布地域は、貿易に携わる海商の寄港地や居留地に近い可能性がある。大陸系の遺物の分布域の変化は、海商の寄港地や居留地が時代によって変化した可能性や、日本と貿易をおこなった海商の出身地のちがいなど、その時代の貿易の状況変化を反映しているのかもしれない。

近年では薩摩塔や宋風獅子の研究の進展により、福岡平野と周縁にある、日本のこれまでの石造物研究では理解しがたい異形の石造物のなかに、南宋期の中国でつくられたものがあることが判明するなど、新たな発見が相次いでいる。まだ謎も多いが、中世の対外交流の歴史の証しとなる貴重な遺物であり、多方面からの今後の研究が楽しみである。

2　中心となる堂宇

一辺二〇メートルの基壇

平安時代に堂宇が建立された本谷地区の最深部の平坦地では、鎌倉時代になると、平安時代の建物を壊し、一メートルほど埋め立て、その上に建物を建てている。

この場所では、調査前に竹藪を伐採しているときに、大きな割石でできた二段の石段がある高まりを発見していた（図7参照）。伐採を進め地形を測量すると、一辺二〇メートルほどの方形の高まりであることがわかった（図30）。

調査指導委員会や九州歴史資料館と検討を重ね、この高まりが首羅山遺跡の中核施設の基壇の可能性が高いということで、トレンチ調査を実施した。その結果、礎石や基壇の石垣などが確認できた。基壇の造成土には一三世紀前半までの遺物が入っていることから、基壇はそれ以降につくられたことが判明した。つまり一三世紀になって一二世紀の建物を壊し、埋め立て、さらに規模の大きな建物を建てたことがわかったのである。この基壇の上には礎石が残っており、一三世紀の建物は五間堂《ごけんどう》であったことが判明した。

さらに周辺の伐採を進めると、五間堂を中心とした伽藍が確認でき、一三世紀の首羅山の中心は本谷地区であったことがわかった（**図31**）。

本谷の谷筋の参道から南北を軸線とした急峻な石段を登ると、西側に三間堂《さんげんどう》があり、東側に石塔を立てていたと考えられる四メートル四方の二段の石組みがある。その奥には平坦地と墓地がある。さらに参道を登ると、東に階段状の石垣をともなう一間四方の礎石があり、鐘楼ではないかと考えている。そして正面に、南に面した五間堂があり、五間堂の背面は急峻な傾斜となっている。五間堂の西側は一段高くなり、斜面には階段状の石垣があり、その上にも複数の建物や墓地があったようだ。

図30●五間堂の基壇（13世紀）
基壇は一辺が20m以上、高さも1m以上あり、前面と両側面の3面に2段の石列を配し基壇化粧としている。

姿をあらわした五間堂

五間堂の基礎である一辺二〇メートル以上の基壇は、高さが一・四メートル以上あり、二段の石列を施している。調査指導委員会の河上信行氏の現地での丹念な調査により復元図が示されている（図32）。

正面一列目の礎石が低い点や、基壇化粧の石列がめぐる基壇東側の礎石から、縁がある五間堂が想定されている。建物の礎石は首羅山から産出される三郡変成岩の割石であり、柱の形が確認できるものもあり丸柱であったと考えられている。礎石の

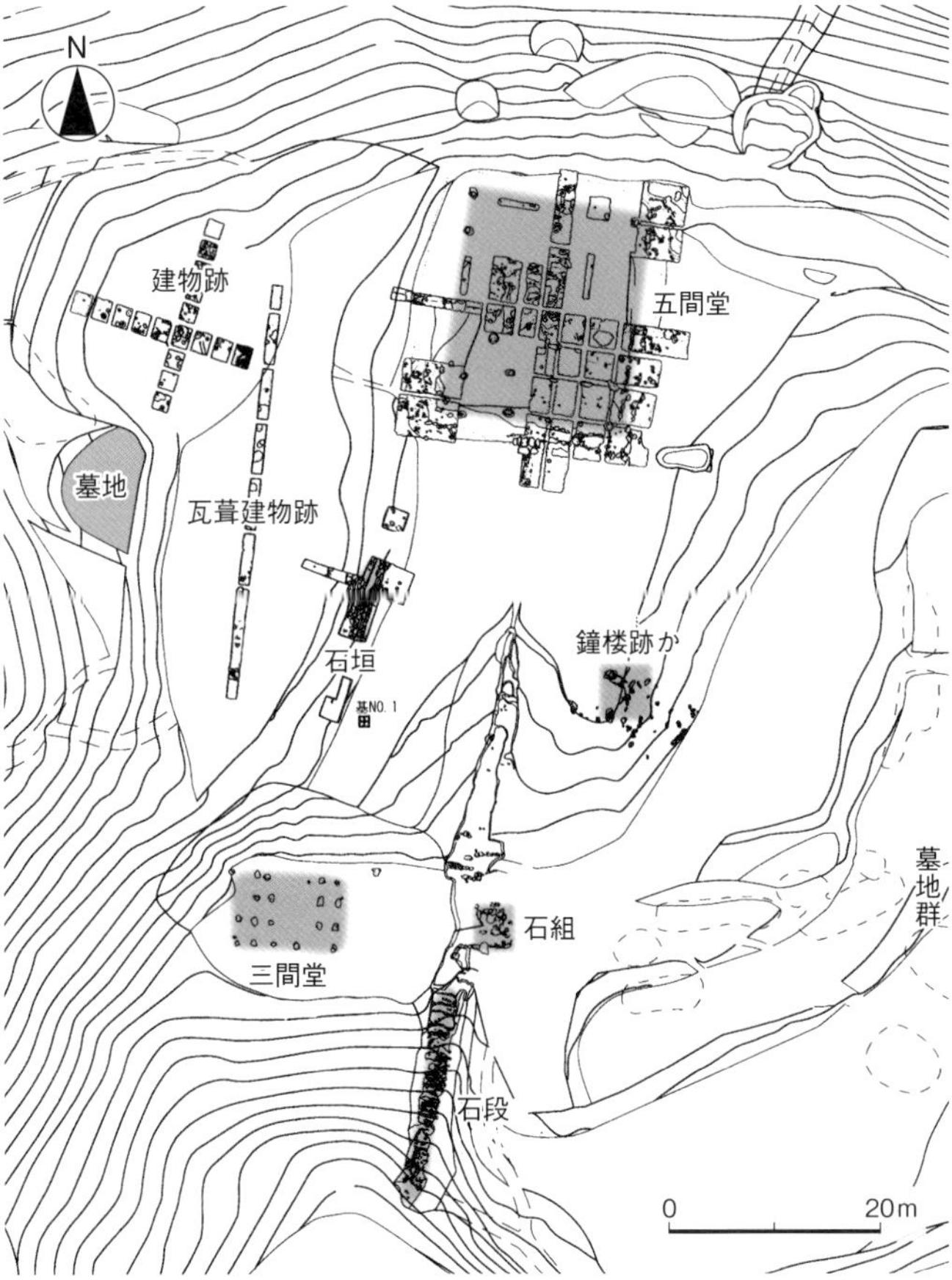

図31 ● 本谷地区の遺構配置（鎌倉時代）
谷筋の参道から急峻な石段を登ると左手に三間堂、右手に2段の石列とその奥に坊跡と墓地がある。さらに参道を登ると右手に鐘つき堂があり、正面に幅20mを超える基壇がある。左手はさらに一段高くなり、その上にも複数の建物や墓地があった。南面する五間堂を中心に南北を意識した伽藍配置をとる。

配置から、その後に規模を縮小した建物があったこともわかった。

現状にみられる地形は五間堂の造成がおこなわれた一三世紀に形づくられたもので、本谷地区全体を一二世紀段階の面から一メートル以上埋めている。さらに本谷地区の五間堂を中心とした伽藍の軸線はほぼ南北をとっており、山頂地区の石段の軸線と一致していることからも、おそらく全山的にデザインされたものだと考えられる。

本谷地区の調査では、一二世紀から一三世紀の遺物がもっとも多く出土し、青磁の碗や壺、喫茶具の天目碗《てんもくわん》のほか、花瓶《けびょう》の破片や銅製の懸仏《かけぼとけ》の一部など寺院があったことを示す遺物が出土している。また、中国製陶器の褐釉壺《かつゆうこ》や素焼きの陶器の坏など、商品というよりもむしろ日用品のような貿易陶磁器が出土しており、海商が山内に居留していたことも考えられる。

図32 ● 五間堂推定図
検出された礎石から、基壇の上にはこのような建物が建っていたものと推定している。基壇周辺から瓦の出土が少なく、柿葺か茅葺の屋根だったと考えられる。

3　庭園状遺構の謎

岩にかこまれた西谷地区

鎌倉時代になると、西谷地区においても本谷地区、山頂地区と同様に前段階の面を一メートル近く埋めて平坦地をつくり、段造成をおこなっている（図33）。谷の最深部には一〇〇〇平方メートルほどの平坦地1がつくられる。平坦地1は三郡変成岩の露頭がとりかこみ、ごつごつとした岩にかこまれた独特の風景となっている。入り口には築地のような高まりがあり、さらに一部石垣がみられ、かこまれた空間をつくりだしている。

平坦地1をとりかこむ斜面にも小さな平坦地がある（図34）。このような小さな平坦地にも一一世紀から一三世紀の青磁や白磁の碗、壺の破片が散らばっていたことから、発掘調査はしていないものの、なんらかの建物などがあった可能性がある。

西谷地区では本谷地区にみられたような階段状の石垣はなく、面を平らにした石垣をつくっている。石垣の高さは四〇～五〇センチほどのものから、谷止めのような場所については一・五メートル以上になる場所もある（図13参照）。

滝と池の遺構

草木を伐採した後、地形図を作成し、もっとも広い平坦地1について一部発掘調査をおこなった（図35）。

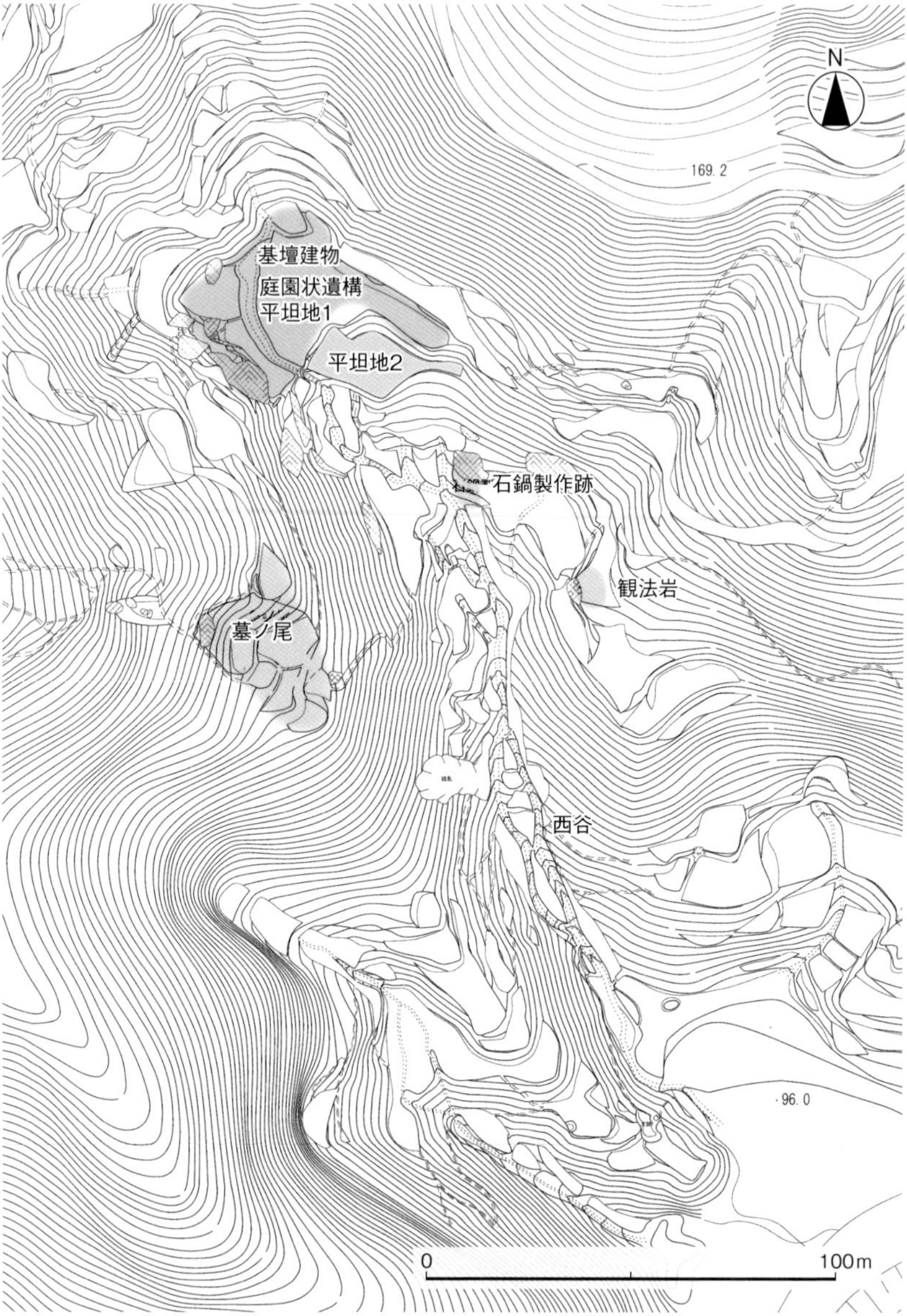

図33 ● 西谷地区の遺構配置（鎌倉時代）
谷筋を登ると右手の平坦地の上に観法岩があり、やがて谷筋に石鍋製作跡がある。石鍋製作跡から上は谷を埋めて段造成をおこなっている。平坦地１は築地のような高まりでかこまれた空間で、平坦地１を見下ろすように谷の斜面にいくつもの平坦地があり、そこからも平安時代後期から鎌倉時代の遺物が出土する。

入り口の両側には犬走《いぬばし》りのような平坦面と築地《ついじ》のような低い石垣がつくられ、なかの空間と外を遮断している。平坦地の奥、南西側は岩がむきだしになっており、六メートルほど上にも低い石垣がめぐっている。

岩の部分には滝状の遺構が二カ所ある。一つの滝（滝状遺構①）は池の南側に位置する。自然石の大岩の横に二つの立石とそのあいだに横石を組み、滝を表現している。幅二・五メートル、高さ約二メートルである。大岩に沿って流路のような石組もあり、いまは水が流れていないが、最盛期には大岩の上から水が流れ、大岩の左右から水が流れ込んでいたものと考えられる。

その下には石列でかこまれた池状の遺構がある（図36）。池は東西一一メートル、南北四メートルで南側は岩である。深さは三〇から五〇センチ。

もうひとつの滝である西側の滝（滝状遺構②）は、上部の谷からの水を導き入れるために岩を掘

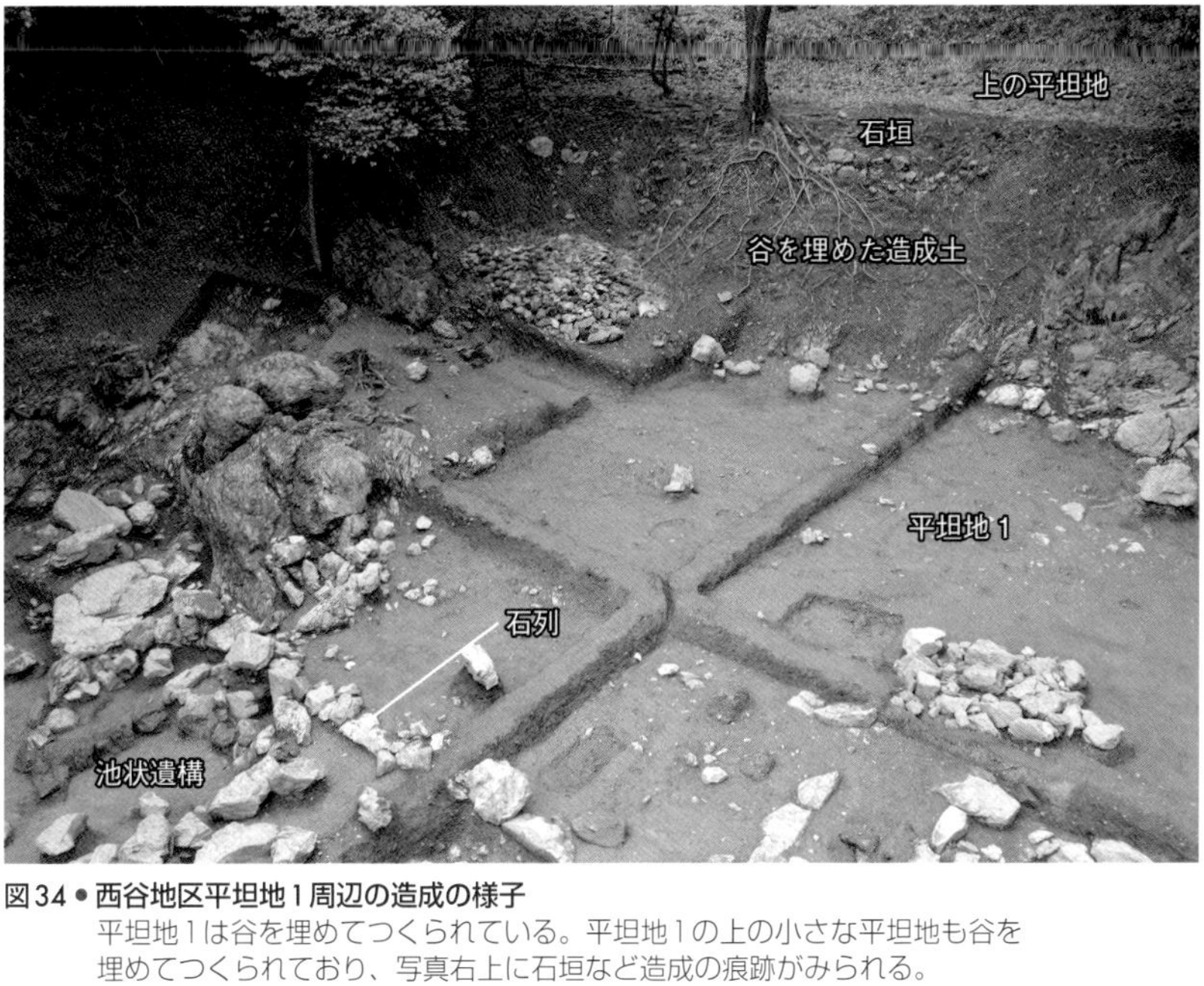

図34 ● 西谷地区平坦地1周辺の造成の様子
平坦地1は谷を埋めてつくられている。平坦地1の上の小さな平坦地も谷を埋めてつくられており、写真右上に石垣など造成の痕跡がみられる。

図35 ● 西谷地区平坦地１の遺構

滑石や蛇紋岩などの露頭にかこまれている。露頭を利用して滝や導水路、池状遺構がつくられている。池状遺構は谷の水の排水を兼ねたものであった。池の縁石や岩座などは、石を据えた後にまわりに土を貼り込んだ痕跡がある。

削し導水路を確保しており、二メートルほどの高さから水が池に落ちるようになっている。滝の横には三角形にみえる島状に突き出た石組があり、その横には基壇の石組が続く。

池状遺構の土を分析したところ珪藻などの滞水した場所にある植物の痕跡がみられないことから、流路を兼ねていたことが想定される。現在は大雨のときしか水が流れないが、地元の七〇歳代の方への聞き取り調査では、幼いころには水が多く流れ、淡水魚のアブラハヤがいたそうである。新幹線の福岡トンネルの掘削以来水がなくなったという。池状遺構の石列付近には二つの少し大きな石が据えられており、岩座と考えている。

池状遺構の南側の岩の斜面には蓬萊竹《ほうらいちく》という細い竹が生えている（**図37**）。蓬萊竹は東南アジアから中国南部が原産とされ、稈《かん》の繊維は火縄銃の火縄の材料として用いられ、一六世紀に

図36●池状遺構の発掘調査風景
山の調査は平野部の調査とは異なり、機械がまったく使えず困難をきわめた。伐採は途中から森林組合にお願いしたが、発掘調査は10名弱の地元の方のみでおこなった。池状遺構を北から南に向かって撮影した。

日本に渡来したといわれる。地下茎をのばさず広がらないため、現在では庭などにも植えられる。

首羅山遺跡では、麓に近年植栽されたもの以外はなく、西谷地区の岩面にのみ植栽されている。その風景は南宋の水墨画の風景のようでもあり、違和感がない。首羅山の衰退後に植えたとは考えにくく、想像をたくましくするならば、蓬莱竹は一三世紀ごろに中国から首羅山に入ってきて、それ以来ずっと生えかわりつついまにつづいている可能性がある。

池状遺構の前面は広場で、石などが混じらないきれいな土を貼りこみ、平らに整地して広場状になっている。また、池状遺構の北西には基壇状の高まりがあり、基壇化粧の石垣がほどこされている。基壇上には根石《ねいし》とよばれる礎石の土台の小さな石組が確認されており、礎石をもつ小さな建物があったことが想定される。

図37 ● 蓬莱竹と石垣
池状遺構の斜面にのみ蓬莱竹が生えており、平坦地1をかこむようにつくられた石垣の内側に集中している。写真左下にみえるのは石垣。

庭園状遺構の謎

こうしたことから西谷地区の平坦地1は、岩の露頭にかこまれた谷部に滝状遺構や池状遺構などを人工的につくった庭園のような風景であったことがわかる。実際、西谷地区に立つと、鳥の声や水の音、風の音、木々の葉のざわめく音が心地よい。

禅の要素をとり込み、岩を深山幽谷の風景に見立てる庭園は、鎌倉の瑞泉寺《ずいせんじ》庭園や京都の天龍寺《てんりゅうじ》庭園をつくった夢想疎石《むそうそせき》が確立し、一四世紀以降につくられるようになるとされていた。西谷地区の平坦地1の風景は、庭園にみえるが、一三世紀以前にさかのぼるものであること、また池の前面が広場で建物がない、つまり一四世紀以降の庭園のように風景を楽しむ視点場としての建物がないということで、日本の庭園史のなかでは解釈できないという指摘もあった。

そこで、ここでは平坦地1で検出された遺構を絵画資料などを用いて検証してみたい。

まず西谷地区の池状遺構の近くに据えられた二つの石に注目しよう。いずれも一辺が一メートル以上あり、この石のうち一つはやや青みを帯びて石の目が美しい波状で、椅子のように背の部分がある（図38）。もう一つは首羅山から産出される三郡変成岩

図38●岩座
池状遺構の近くに据えられた青みを帯びた美しい波状の目の石。首羅山で産出される三郡変成岩と思われるが、礎石や石垣にこのような波状の目はみあたらない。背をつくりだしており、「円爾岩上図」などにみられる岩によく似ている。

の割石だが、やはり椅子のような背の部分をつくりだしている。二つとも調査時には庭石と考えていた。石は、造成の際にまずこの場所におかれ、周囲に土を張り込んいる。

このような石が描かれた絵画資料を探してみると、まずは京都の慈照《じしょう》院《いん》所蔵の「中峰明本《ちゅうほうみんぽん》樹下座禅像」がある。松樹の下で座禅を組む禅僧中峰明本を描いたものである。石は低い背をつくりだしており、石に皴《しゅん》とよばれる布を敷き、座禅を組んでいる。足元には石の履床《はりゆか》がある。中国・元時代の一四世紀の作といわれる。このような禅僧の座禅像などはこの時期に多く描かれている。

また、京都の東福寺《とうふくじ》所蔵の吉山明《きつさんみん》兆《ちょう》作画の「円爾岩上図《えんにがんじょうず》」では、円

図39 ● 京都東福寺の円爾岩上図
吉山明兆の作品。15世紀。円爾は13世紀に活躍した禅宗の僧で、首羅山に隠棲した悟空敬念は円爾に師事した。背をつくりだした石にリラックスして座る円爾が描かれている。

爾が樹下の低い背のある岩にもたれてリラックスした形で座っている（図39）。これは一五世紀に描かれたものであり、円爾は一三世紀を中心に活動した禅宗の僧侶であることから、明兆が直接みた風景を描いたものではない。これらのもととなる絵画や伝承があり、そこから描かれたものである。

　こうした絵画資料から、推論の域をでないものの、西谷地区の二つの石が禅僧が修行する岩《いわ》座《ざ》であったとするならば、西谷地区の平坦地1は「境地」とよばれる禅僧の重要な修行の場であったとも考えられる。

　このような岩座をともなう日本の遺構といえば、思い浮かぶのは「座禅石」であろう。小野健吉の『日本庭園辞典』に、座禅石は「僧がその上で座禅をするのに適するとされる役石。天端が平で、山腹や見晴のよい場所に据える」と記されている。京都の西芳寺《さいほうじ》や岐阜の永保寺《えいほじ》の座禅石が有名である。いずれも夢想疎石が作庭した庭であり、一四世紀以降の寺院の庭園にみられることが多い。

　首羅山遺跡は夢想疎石が本格的に作庭をおこなう以前の時期であり、二つの石の天端は平らではなく、椅子のように削り出されるなどその形状が異なるため、座禅石とは明言できない。岩座をふくめ西谷地区の風景の謎を解く鍵は中国絵画など大陸の資料にあるのではないか。

中国絵画から考える

そのひとつが一二世紀後半、中国南宋期作の「大徳寺伝来五百羅漢図《だいとくじでんらいごひゃくらかんず》」である。

これは中国の寧波に位置する恵安院《えあんいん》が中心となって描かれたもので、その後鎌倉の寿福寺《じゅふくじ》に伝来したと伝えられ、現在は大徳寺が所蔵している。九州大学の井手誠之輔氏が中心となり研究が進められており、首羅山遺跡のシンポジウムにおいて、『大徳寺伝来五百羅漢図』のなかの一幅である「卵塔湧出」の卵塔が首羅山遺跡のシンボルともいえる薩摩塔に通じるものがあると指摘されるなど、その出自も内容も年代も首羅山遺跡の最盛期に近いものがある。

描かれているのは中国の天台山《てんだいさん》での羅漢《らかん》のさまざまな営みであり、「喫茶の準備」「武将と

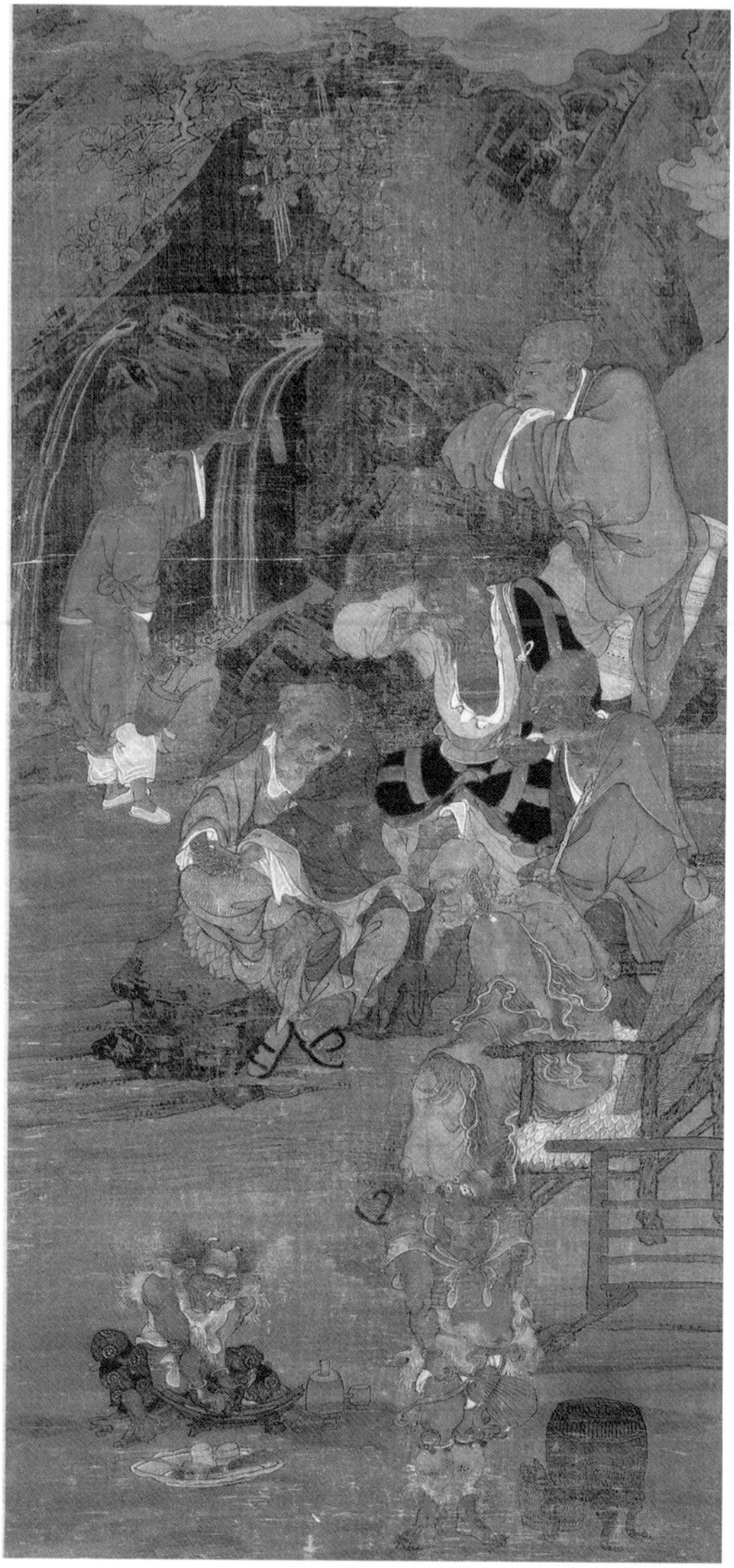

図40●「喫茶の準備」『大徳寺伝来五百羅漢図』
中国南宋期作。日本との貿易港であった寧波の東銭湖の近くにある恵安院が中心となって描かれ、鎌倉の寿福寺に伝来し、その後大徳寺の所蔵となったといわれる。「喫茶の準備」では滝のように落ちる流路と三角形に突出した岩や椅子に座る羅漢が描かれている。

鬼」「舎利光の奇端」などには、岩に布を敷いて座る羅漢が描かれている。「喫茶の準備」（図40）では滝のように落ちる流路と三角形に突出した岩、平坦地という組み合わせの風景があり、西谷地区によく似た風景がある（図41）。

また、「食瓜」での岩山の平坦地で椅子と机で瓜を食す風景や、「展鉢」などにみられる床几に座って食事をする場面など、屋外でのさまざまな所作が描かれている。椅子を使ったり床をおいたりするために平坦な広場が描かれている。つまり、『大徳寺伝来五百羅漢図』をみると、広場は飲食することも含めた「場」として意味をもつのである。

西谷地区平坦地1では、整地して意図的に広場をつくっており、また遺物をみると白磁や青磁の碗、四耳壺や褐釉壺などの日常雑器、天目茶碗などの茶器も出土し、さらに石鍋の破片も多く、なかには直径五〇センチほどの大きな石

図41 ● 滝状遺構②と基壇周辺の石組
滝状遺跡②付近は滝や三角に突出した島など『大徳寺伝来五百羅漢図』の「喫茶の準備」の構図に似ている。

鍋も含まれていて、大勢の人数での飲食や喫茶がおこなわれたことが想像できる。

想像の域を出ないものの、西谷地区平坦地1は羅漢図などに描かれた風景や禅の「境致《きょうち》」のような風景を意識した庭園状遺構と考えられる。つまり、鎌倉時代の西谷地区の景観は、中国の風景そのものか、もしくは南宋絵画を目にした海商や禅僧が、その世界を首羅山に持ち込み表現したもので、この庭園状遺構は、禅僧や博多綱首を通じて、早い段階で大陸の文化の影響を直接受けた、中世前半の北部九州の特質を示す遺構であると考えられるのである。

4　板碑と墓地群

墓ノ尾の墓地群

西谷地区西側の尾根上にある墓ノ尾には墓地群がある（図42）。鏡岩とよばれる幅一五メートルの蛇紋岩の大岩が控え、東西にのびる小さな尾根筋に墓地群が広がっており、その面積は約一三〇〇平方メートルである。入り口となる東側には五メートルを超える大岩が二つ、門のようにならんでおり、そのあいだが通路となっている。

墓地は自然地形を利用して三段に段造成されている。それぞれの墓地は六〇センチから一メートル四方の方形の石組みを有し、それが四〇から五〇基があったと思われる。

一段目と二段目に板碑が一基ずつある。同じ時期に造立されたものだが盗掘によって荒らされ倒れている。江戸時代の地誌にも「文保二年と記せる石二ッ有。経塔なるにや」という一文がある。

一段目の板碑は長さ一二八センチ、幅六二センチ、二段目の板碑は長さ一〇四センチ、幅四八センチで、板碑の銘文はつぎのとおりである。

一段目板碑　（種子）バン（大日如来）「始知衆生　本来成仏　生死涅槃猶如昨夢」

「右造立志者為□生母明心尼也　文保二年三月十七日　孝子　敬白」

二段目板碑　（種子）バク（釈迦如来）「其人未不□」

「文保二年三月十七日

□　　　　　□女　敬白」

いずれも一三一八年（文保《ぶんぽ》二）に建立されたもので、一段目の板碑には円覚経

図42 ● 墓ノ尾
西谷地区の谷の西側の尾根につくられた中世墓地群。手前の鏡岩を中心に扇状に墓地が広がる。写真奥の入り口には門のような二つの大石がある。

の一部が刻まれている。多々良川下流の禅寺、顕孝寺《けんこうじ》で一三三二年(元弘《げんこう》二)に円覚経の開版がおこなわれているが、それをさかのぼる資料である。

円覚経は禅宗の経典の一つで、首羅山と縁の深い禅僧、悟空敬念が広めようとしたと伝えられる。博多禅ともいわれる宋風の禅の普及のための経典の一つでもあり、墓ノ尾の板碑は、一四世紀はじめには首羅山が禅宗の影響を強く受けていたことを示している。

5 博多と首羅山

鎌倉時代の首羅山の変遷

鎌倉時代(中世前半)の首羅山は、平安時代よりもより大陸色を強め、それ以前の建物を埋め立て、全山的に造成し直し、堂宇を建立し庭園をつくった。発掘調査で明らかになった各地区の変遷をまとめると**表1**のようになる。

首羅山での活動がはじまったのは西谷地区からで、九世紀にさかのぼる可能性がある(西谷地区A期)。

一二世紀になると、本谷地区で基壇建物が建てられ(Ⅰ期)、西

表1 ● 首羅山遺跡の変遷

時期	本谷地区(建物など)	西谷地区(建物など)	山頂地区
7世紀~9世紀	―	遺物出土・造成開始か	
12世紀以前	0期(―)	A期(流路)	
12世紀	Ⅰ期(基壇建物)	B期(流路・立石)	経塚
13世紀半ば	Ⅱ期 (基壇建物〔五間堂〕、三間堂・鐘楼か)	C期 (庭園状遺構・基壇建物)	石段・薩摩塔・宋風獅子
近世以前	Ⅲ期(不明)	不明	

谷地区においては一二世紀前半までさかのぼる流路と立石が確認される（B期）。山頂地区で中国人が関与した経塚造営がおこなわれた時期でもあろ。この時期から首羅山は大陸との関係が深かったが、経塚造営に象徴されるように、この時期までは天台系の山林寺院のひとつであった。

その後、一三世紀なかばに首羅山は大きく変容する。本谷地区ではそれまでの堂宇の基壇を一メートル以上埋めて南面する本堂の基壇を同じ場所につくり直しており、周辺でも一メートル前後盛土して新たな伽藍を建立している（II期）。山頂地区で石段がつくられ、薩摩塔・宋風獅子が奉納されるのも同じ時期である。さらに西谷地区では庭園状遺構や基壇建物がつくられる（C期）。

博多と首羅山

以上みてきたように、平安時代後期から鎌倉時代が首羅山の最盛期で、一二世

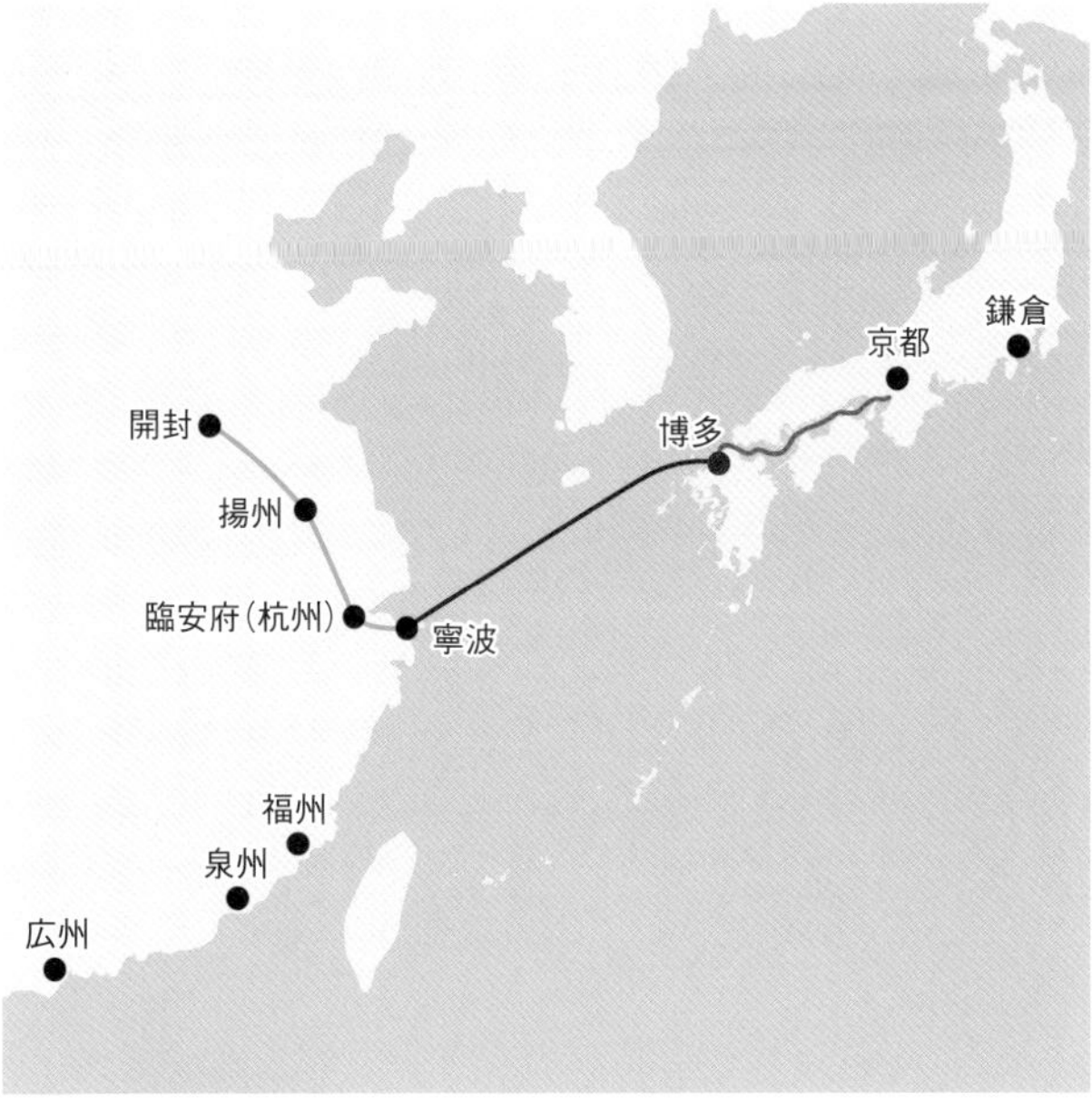

図43● 博多と寧波
博多はこの時期、日本唯一の国際貿易港であり、大陸の文化は博多から日本に入っていた。中国は寧波に港があり、博多と寧波は貿易商や禅僧が行き来する港であった。薩摩塔の石材は寧波周辺でとれる梅園石といわれており、現在も寧波周辺では梅園石を使った彫刻がつくられている。

紀と一三世紀の二つのピークがあった。そのころ博多はもっとも国際色豊かで華やかな時代であった。

この時期、博多は東シナ海を中心に独占的な貿易で栄え（図43）、海商が居住する「博多津《はかたつ》唐坊《とうぼう》」がつくられた。日宋貿易を担う中国人のなかには貿易船団の経営や商品取引をおこなう「博多綱首」とよばれる者がおり、貿易によって莫大な富を得ていた。

そしてこのころ栄西《ようさい》や重源《ちょうげん》、円爾をはじめとした僧が渡海し、中国の径山万寿寺《きんざんまんじゅじ》や阿育王寺《あいくおうじ》（図44）などの寺院で修行する。また蘭渓道隆《らんけいどうりゅう》など中国の僧侶も来日し、日本で禅宗を広めていく。博多綱首は大陸との往来を含め、禅宗の僧侶と結びつき壇越《だんおつ》となって博多に聖福寺《しょうふくじ》や承天寺などの禅寺を創建していく。このような時代背景のなかで首羅山は開山し、栄えていったのである。

首羅山遺跡の山頂地区からは、西に糸島富士とよばれる可也山や博多湾、福岡平野と周縁の霊山を一望できる。首羅山の最盛期には博多湾に入る貿易船もみえたであろう。また糸島半島と志賀島の先端が重なり、博多湾が湖のようにみえる。それは、中国の寧波でみた山々にかこまれた東銭湖の風景にも似ている。日宋貿易で富を得た

図44 ● 阿育王寺
浙江省寧波市太白山の麓にある禅宗寺院。中国の五山の一つである。日本からの留学僧は阿育王寺や径山万寿寺などの禅宗寺院で学び、日本に戻り禅宗を広めた。

博多綱首は、博多の町で安穏と暮らしていたわけではない。一二一八年（建保《けんぽう》六）には中国人商人張光安《ちょうこうあん》を筥崎宮の宮司が殺害する事件が起こるなど貿易の利権をめぐる争いがあった。そうした背景から、山々の寺院を手中におさめることで身を隠す場所を得ることができたとも考えられる。

いずれも憶測にすぎないが、山頂地区の大陸風石造物薩摩塔の異形の石塔は、九州の西半分にしか分布しておらず、日本に受容され広がりをみせる石塔ではない。やはり中国人によって信仰された石塔であったと考えられ、こうしたことからも首羅山は、少なくとも一三世紀の第二のピーク時は博多綱首を壇越とする寺院であったと考えることができるのである。

禅僧、悟空敬念の入山

すでにふれたように、首羅山遺跡のキーパーソンに悟空敬念という禅僧がいる。悟空敬念は、一二一七年（建保五）に太宰府で生まれ、博多承天寺で円爾に師事している。一二四一～四五年ごろに入宋をはたし、径山万寿寺の無準師範に参禅したが、中国語が堪能ではなかった

図45 ● 承天寺
博多綱首謝国明が開基、円爾が開山として創建された。大陸に通じた円爾は当時の禅宗界のスーパースターで、承天寺は聖福寺とともに都市博多発展の中心となった。

ため無準師範に印可《いんか》を受けた筑前国博多出身の妙見《みょうけん》道祐《どうゆう》と問答し、無準師範の孫弟子となった。

帰国後、博多承天寺付近に庵を結び、一二五八年（正嘉《しょうか》二）には東巌慧安《とうがんえあん》とともに渡来僧蘭渓道隆に会うために鎌倉の建長寺にむかい、北条時頼を禅問答で問い詰めている。一度九州に戻るが、京都福田庵の住職となる。その後、首羅山に入り、一二七二年（文永《ぶんえい》九）に首羅山で入寂している。

悟空敬念は、東巌慧安が印可を受けた渡来僧兀庵《ごったん》普寧《ふねい》とも親交が深く、兀庵普寧の帰国後も書簡をとり交わすなどしており、中国禅宗界とのつながりをもっていた。

悟空敬念が学んだ承天寺（**図45**）は円爾が開山し、その創建に関して、筥崎宮（**図46**）と帰属関係にあった博多綱首謝国明《しゃこくめい》が土地を寄進するなど筥崎宮との関係が深い。第1章でみた「法橋栄舜譲状」には、首羅山遺跡の位置する久原の地が筥崎宮領であったことがわかる記載がある。

九州大学の伊藤幸司氏によると、筥崎宮のある多々良川の河口は中世の貿易港のひとつであ

図46 ● 筥崎宮（福岡市東区）
多々良川の河口近くに位置する。隣接する恵光院や箱崎遺跡からも大陸系石造物が発見されている。承天寺とのかかわりも深く、年に一度、承天寺の僧が筥崎宮に詣でる行事が770年以上つづいている。

り、筥崎宮は都市博多の出入口である辻堂や石堂という交通の要所を押さえており、海商とも密接に結びついていたという。このようなことからも首羅山遺跡が大規模な造成をおこない、一気に拡大する一三世紀の第二のピークの時期に、承天寺、筥崎宮を介して、都市博多、そして大陸と深く関係した首羅山の姿が浮かびあがってくる。

以上の点から、一三世紀の首羅山の大規模な造成と寺院の拡大の背景には、博多で活躍し、貿易の利権を掌握していた博多綱首とよばれた海商の経済力や禅僧の信仰の力があったと考えられるのである。

6　福岡平野周縁の山寺

福岡平野周縁の山々には平安時代後期から鎌倉時代にかけて寺院がつくられていく（図47）。これは全国的にみられる傾向であるが、この時期の福岡平野周縁の山々につくられた寺院には、経塚造営に中国人が関与したり、大陸系石造物が奉納されたり、日本古来の山岳寺院の系統をふまえながら早い時期に禅宗をとり入れるなど他地域とは異なる様相がみられる。福岡平野周縁の山々には、首羅山以外にも中世の早い段階で大陸の影響を直接受けた山寺があった。

首羅山遺跡の南に位置する若杉山は標高六八一メートル、福岡平野の東に位置しており、インドの僧侶、善無畏三蔵《ぜんむいさんぞう》が開山したと伝えられる。最盛期には右谷《うたに》と佐谷《さたに》に三〇〇坊があったと伝えられ、佐谷の経塚からは天治三年（一一二六）銘の経筒が出土し、中国人の名前「宋

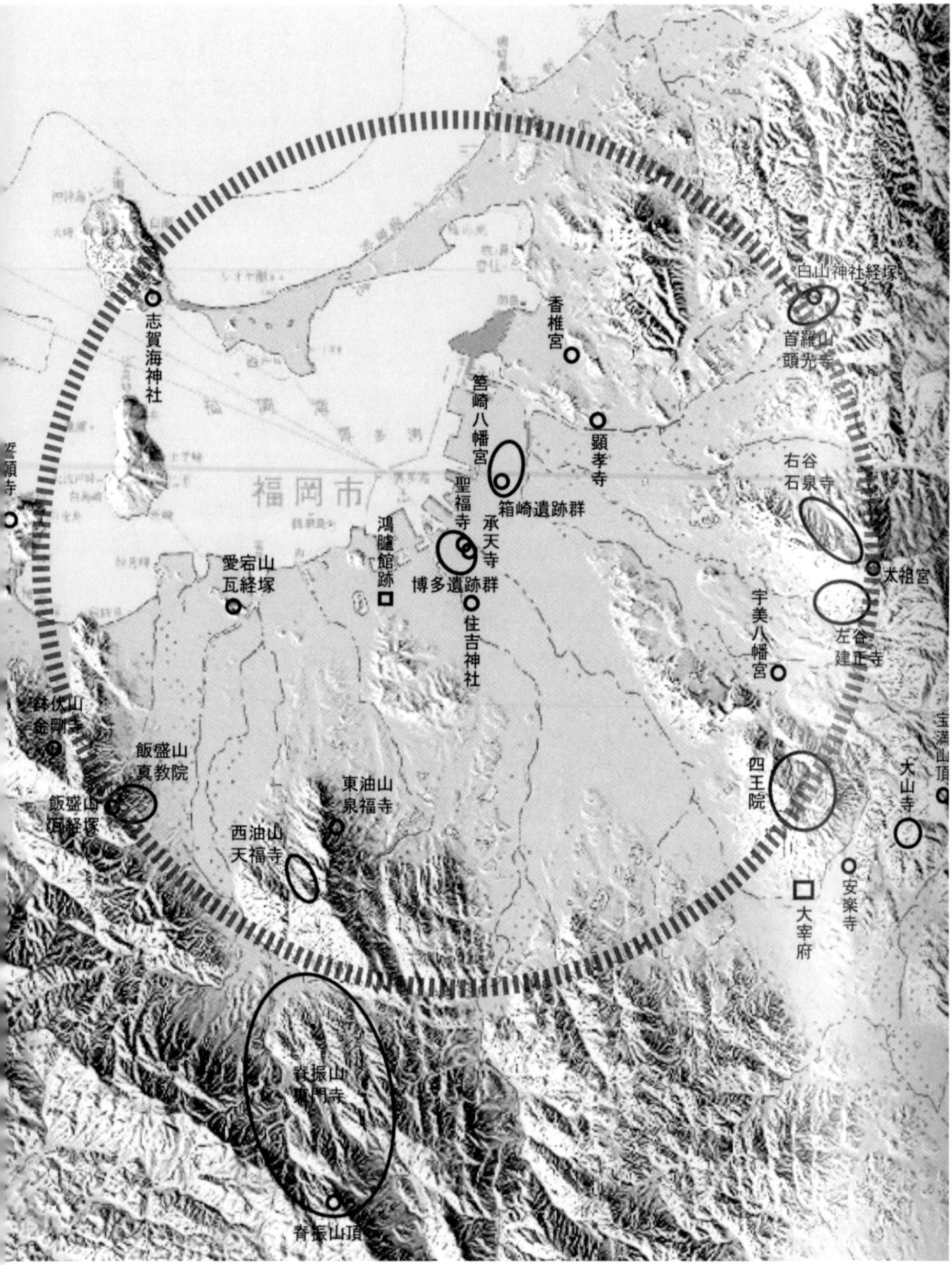

図47 ● 中世前半の福岡平野と周縁の山岳寺院
福岡平野をとりかこむように平安時代後期から鎌倉時代にかけて山々に寺院がつくられた。

人馮榮伏」「弟子鄭」の銘文が刻まれていた。山頂の太祖神社には、大陸系石造物の宋風獅子（**図28参照**）や石製香炉（**図48**）が伝わり、麓の乙犬《おといぬ》地区の祠からも大陸系石造物の層塔の破片が発見されている。

福岡平野をはさんで西側に位置する油山は博多湾の海側からみるとよく目立つ山である（**図50**）。標高五九七メートル、インドから渡来したといわれる清賀上人《せいがしょうにん》が開山し、かつては東油山泉福寺《せんぷくじ》と西油山天福寺《てんぷくじ》があり、それぞれに三六〇坊あったとも伝えられる。

天福寺跡（**図49**）には礎石や基壇がいまも残り、中国製の瓦や青磁や白磁、薩摩塔の破片が発見されている。麓の祠のなかには中国の寧波の南宋石刻公園にある石造物によく似た石造物が安置されていたりする。また、山口県防《ほう》府《ふ》市の防府天満宮所蔵の文応《ぶんおう》二年（一二六一）銘の梵鐘には、宋人が父の菩提を弔うために油山に梵鐘を施入したという銘文が刻まれているなど、油山もまた中世前半には大陸色の強い寺院であった。

以上のように、福岡平野の東と西

図48 ● 若杉山太祖神社所蔵の石製香炉
台座の上に球状の太極文を組み合わせたような脚をもつ。その上に2段の蓮弁を配する。蓮弁の上部には蕊（しべ）を表現し、その上に花びら状の彫刻を施す。近年の研究の進展により大陸系石造物であることが判明した（高さ：25.1cm）。

に大陸とゆかりの深い寺院がいくつかあるが、そのなかにあって首羅山遺跡は鎌倉時代に廃絶し、地元の伝承などによって後世の手がほとんど入ることなく、当時の様相をいまに伝えているのである。さらにいえば、首羅山遺跡は平安時代後期から鎌倉時代への変遷の過程も含めた、北部九州の遺跡の特質を良好な状態でいまに残す遺跡なのである。

図49●天福寺跡
5間×5間の建物の礎石。周辺からは中国から運ばれた瓦がみつかっている。12世紀後半のものと想定されている。

図50●油山
中央が油山。長崎方面から博多湾に入ると、海に近く目立つ山である。

第4章　首羅山の衰退とその後

1　衰退の要因

衰退を示す事象

江戸時代に書かれた『筑前国風土記』「白山権現社」や『筑前町村書上帳』「首羅山由来書之写」などにつぎのような記載がある。

本谷の鶴寿《かくじゅ》という稚児《ちご》が、橘《たちばな》が多く実っているのを誉めたところ、花ならまだしも果物を誉めるとはと別所の僧侶が罵り笑った。鶴寿はそれを恥じて身を投げてしまい、それがきっかけで本谷・西谷と別所が争い、互いに火を放ち炎上し、残る山王の五十坊は天正年間に薩摩軍の放った火によって焼失した（図51）。

発掘調査の結果、一四世紀前半までの陶磁器は比較的まとまって出土するが、その後の時代の出土遺物はわずかとなる。また石造物をみても、一三世紀の大陸系石造物である薩摩塔・宋風獅子以外では、本谷、西谷地区で一五世紀の宝篋印塔《ほうきょういんとう》や五輪塔《ごりんとう》、板碑の破片がわずかに確認できるのみで、墓ノ尾の板碑に刻まれた一三一八年（文保二）以降、年代が確認できる石造物はない。

このように一四世紀以降急速に衰退する様子がうかがえ、本谷地区の堂宇も縮小していくことがわかっており、一五世紀には廃絶してしまう。発掘調査では伝承に残るような炎上した痕跡を示す焼土や被熱した礎石の痕跡などは確認できていない。

図51 ● 稚児ケ淵
本谷と西谷が久原川に流れ込む付近に、首羅山の滅亡の伝承にある稚児鶴寿が身を投げたといわれる場所がある。鶴寿は笛の名手で落ちた笛から竹が生えたという伝承もある。

元の台頭と日元貿易

それでは、首羅山遺跡の急速な衰退の原因はなんであろうか。

一三世紀後半から一四世紀にかけて、中国ではモンゴル帝国によって南宋が滅ぼされ、北部九州は二度にわたるモンゴル帝国からの襲来を受けた。これらによって日宋貿易の中心であった博多綱首を中心とした海商による日中間の行き来は低迷する。

だが、日本を服属させたいモンゴル帝国は、使者の派遣ルートを高麗経由から中国の慶元《けいげん》（現在の寧波）経由とし、日本で重用されていた禅僧を使者として起用し、日元貿易として行き来が再びおこなわれるようになる。一方、博多綱首とよばれた海商は南宋が滅びたことで故国を亡くし、日本に帰化するなど、それまでとは異なる環境を強いられていく。

その後、元末の内乱による日元貿易の不安定化により倭寇《わこう》とよばれる海賊が横行するようになり、再び大陸との往来は低迷する。

日本では一三三六年（建武三）に、鎌倉幕府を倒して室町幕府を開いた足利尊氏が多々良浜の合戦で勝利し、九州統治のために九州探題を博多においたが、少弐《しょうに》氏、大友氏ら九州の有力武士の支持は得られず、博多の政治的、軍事的求心力は失われた。

鎌倉時代まで国内唯一で最大の貿易港であった博多も、一三六八年に朱元璋が元を滅ぼし明が建国されて日明貿易が開始されていくなかで、日本各地で貿易港が開かれていき、独占的な地位がゆらいでいく。

このように日宋貿易が終焉を迎えることで貿易のルートや海商の動きも変わり、博多綱首の経済力に支えられた博多の町もまた変容していく。

首羅山に経塚がつくられた第一のピーク時（一二世紀）は日宋貿易で博多が貿易港としてさかえ、博多津唐房がつくられた時期である。そして第二のピーク時（一三世紀）の寺院の拡大期は博多綱首とよばれる海商と禅僧が結びついた時期である。そして、南宋が滅びて日宋貿易が終わり、博多綱首の独占的な貿易の支配が揺らいでいくとともに首羅山も衰退していくのである。

2 近世の首羅山

修験の行場

調査開始以前は、近世の首羅山についてはほとんど資料がなかったが、近年の研究の進展により、江戸時代の首羅山は現在の太宰府市にある宝満山の春峰《はるみね》のルートとして修験の重要な行場であったことがわかってきた。

宝満山修験の春峰では一山につき一行場を原則としていたが、首羅山は山頂地区の白山権現と開山伝承にまつわる西谷地区にある圓通窟《えんつうくつ》（観法岩）の二行場が設定されており、山伏集団が一泊して行をおこなう聖なる山でもあった。

春峰は座主《ざす》の交替の際におこなわれるもので、時に数十年に一度しかおこなわれない。近世にも

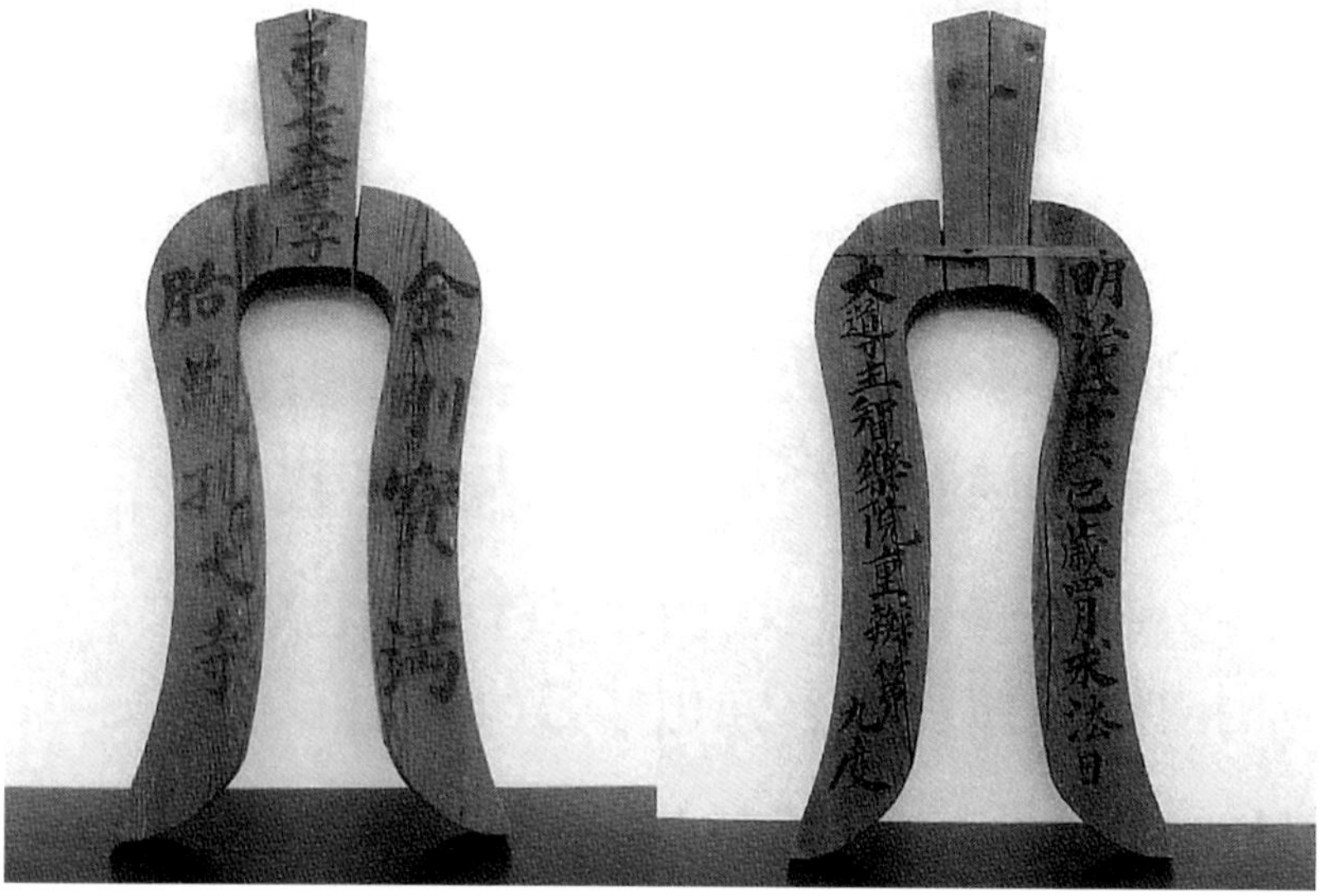

図52●股木
修験の峰入りなどに使われる法具の一つで、結界の役割などに使われる。「金剛宝満」「胎蔵孔大寺」と書かれている。首羅山調査の際に指導委員会の長野學氏が首羅観音堂で発見した。

その信仰は脈々と受け継がれながらも、『筑前国続風土記』には山内の荒廃した様子が記述されていて、首羅山は江戸時代以前にはすでに建物などはなく、峰入りの行場としての聖地でしかなかったことがわかる。なお、近年首羅観音堂で発見された修験の重要な法具である股木《またぎ》（図52）の墨書から、一八九三年（明治二六）まで宝満山の春峰が継承されていたことが判明している。

3　山麓に残る首羅山の痕跡

こうして中世後半に衰退した首羅山だが、寺院廃絶後、いくつかの坊は里に下りてその歴史を静かにいまに伝えている。

首羅山頭光寺　首羅山のある上久原の集落内、現在の乙《おと》宮《ぐう》のある丘陵の麓にある（図53）。江戸時代に乙宮では宝満派の山伏が祭礼などをおこなっていた。本尊は御汗如来と四躯の脇侍が伝わっていたが、一体は盗難にあっている。『筑前町村書上帳』「首羅山由来書之写」によると、御汗如来は江戸時代に光順《こうじゅん》という僧侶が夢をみて、首羅山中から掘り出し、折々に汗をかくことから御汗如来といわれた。

図53 ● 首羅山頭光寺
上久原の集落のなかにある。33年に一度、秘仏とされる御汗如来のご開帳がおこなわれる。

聖徳太子の作と伝えられる。
仏像の調査をおこなった結果、鎌倉時代の可能性が高いといわれている。秘仏とされ、三三年に一度御開帳がおこなわれている（図54）。現存する三躯の如来形座像は室町時代の作で、神像にも通じる簡素なつくりをしている。

首羅観音堂　首羅山遺跡の南西の麓に位置する（図55）。本尊の十一面観音は盗難にあっており、現在は地元の方が納めた新しい観音像が鎮座している。『筑前国続風土記』は、山頂付近に大きな観音堂があったが万治《まんじ》年間に久原村に移したと伝えている。先にみたように、観音堂からは明治時代の峰入りの際の法具である股木が発見されている。

崇徳禅寺　久原の毛後《けご》に位置する禅宗寺院である（図56）。毛後は「ケゴチ」ともよばれ、大宰府直轄の軍の駐屯地である警固所《けごしょ》に由来するともいわれる。現在の山号は「須良山」だが、地誌類には山号が「首羅山」「須良山」であったということが記載されている。福岡安国寺の末寺とされ、寺伝では首羅山の坊のひとつだったと伝えられる。本尊の十一面観音坐像は室町時代の作である。

安楽寺　上久原にあり、筥崎から首羅山への旧道沿いに位置する。現在は浄土真宗の寺院で

図54●頭光寺のご開帳
頭光寺の御汗如来のご開帳の様子（2007年）。神輿に御汗如来を乗せ、町内を練り歩く。神仏習合がいまに残っている。

あるが、寺伝では首羅山の坊の一つだったと伝えられる。

若八幡宮　下久原にあり、久原の氏神様として信仰されている。首羅山頭光寺が社僧であり、戦前まで頭光寺銘の梵鐘があった。また参道には中世の五重の塔がある。

図 55 ● 首羅観音堂
かつて山頂付近にあったとされるが現在は麓にある。十一面観音は盗難に遭い、現在は地域の方が新しい観音像を祀っている。

図 56 ● 崇徳禅寺
下久原の集落にある禅宗寺院。首羅山はスラさんとも呼ばれていた。本尊は十一面観音坐像で、室町時代の作である。

三輪神社　中久原にあり、江戸時代には印鑰《いんにゃく》大明神といわれていた。印鑰は鍵の神様とされる。江戸時代の祠が現存しており、鍵と印鑑を入れた袋の彫刻がある。首羅山の宝物殿の鍵を祀ったという地元の伝承がある。隣接地から、九州一の出土量といわれる久原出土銭が出土している。一〇万枚を超え最新銭は宣徳通宝《せんとくつうほう》であり、一五世紀に埋められた埋蔵銭である。

清谷寺　首羅山の北西の麓、上山田にある妙心寺派の禅宗寺院、清谷寺《せいこくじ》がある。清谷寺の本尊の釈迦如来坐像は一四世紀に韓国でつくられた高麗仏である（図57）。本尊が渡来仏であることも興味深いが、清谷寺には四躯の平安時代前期、一〇世紀の仏像が現存する。

江戸時代の棟札などから、仏像はかつて「南覚山正現寺《なんかくざんしょうげんじ》」にあったとされる。正現寺の比定地は首羅山からのびる尾根の先端に位置する下山田《しもやまだ》遺跡群第三地点付近で、方形の建物跡や一一世紀ごろの黒色土器がまとまって出土する井戸などが確認されている。

十一面観音立像は針葉樹の一木造で、像高一六七・二センチである（図58）。地蔵菩薩立像

図57 ● 高麗仏（14世紀）
銅製の仏像で、鍍金を施す。北部九州の沿岸部や壱岐・対馬で多く確認されている。火を受けたものが多いなかで、清谷寺の高麗仏は保存状態がよい（高さ53.9cm）。

は針葉樹の一木造で、像高一六二・五センチである（図59）。ウロのある木を用い、右手が異様に長く神像に近いともいわれる。

平安時代前期の仏像は北部九州では鞍手《くらて》郡の長谷寺《はせでら》や糸島市の浮獄《うきたけ》神社などに伝えられるがその数は多くはない。そうしたなかにあって、清谷寺に残る四駆の古仏は目をひくものがある。清谷寺に古くから伝わるものではない点や、十一面観音が首羅山の本地仏であることから、本谷地区の五間堂に祀られていた可能性もあると考えている。

図58●十一面観音立像（10世紀）
針葉樹の一木造り。肉づきがよく頭上には十一面の仏像を戴く（高さ167.2㎝）。

図59●地蔵菩薩立像（10世紀）
針葉樹の一木造り。ウロのある木を使用している。肉づきがよく、長い右手、短い左手で、神像に近い（高さ162.5㎝）。

第5章　地域とともに――保存と活用

1　「わたしたちの首羅山遺跡」

総合的な学習「わたしたちの首羅山遺跡」

久山町には久原小学校と山田小学校の二つの小学校がある。地元の久原小学校では、国史跡指定前の二〇〇八年度から授業のなかで首羅山遺跡をとりあげ、遺跡解明の過程をリアルタイムで学んできた。

現在は町内二校の六年生の総合的な学習「わたしたちの首羅山遺跡」が年間三〇時間以上おこなわれている。「わたしたちの首羅山遺跡」は、地域の歴史を知るということだけにとどまらず、自分たちの地域が人びとの「想い」のなかで守られ、文化が形成されたことを知り、それを発信することを目的にしている。このとりくみにより、一〇年前にはほとんど知られていなかった首羅山遺跡についての子どもたちの認知度は九九パーセントとなった。

継続的な学習、地域に還元する学習

とりくみの特徴は二点ある。一点は継続的な学習であり、学習内容が年々深化・発展している点である。毎年同じ学習内容をくり返すのではなく、前年度までの学習内容をふまえて、遺跡調査の進展にともなう新たな発見などから教材開発をおこなっている。また、発表の機会をもつことで、低学年の子どもたちも興味をもち、六年生の首羅山の授業をわくわくしながら待つようになる（図60）。

二点目は地域に還元する学習であるという点である。学習内容の成果を絵本にまとめるなど（図62）、町民にダイレクトに発信する場を設けることで、「伝

図60 ● 本谷地区調査時の現地授業（2011年ごろ）
首羅山遺跡が史跡に指定される前から、年間30時間以上の授業をおこなってきた。

図61 ● 遺跡めぐりの旅
2018年から久原小学校6年生は、50～60kmを2泊3日で歩き、各地の小学生や専門家と歴史交流をおこなっている。調査指導委員会委員長の西谷先生と世界遺産宗像大島でのゴールの様子。

える喜び」を感じるとともに、達成感を味わうことができる。地域に発信することで、「自分たちが遺跡を守っている」という自覚と、郷土を愛する心の形成にもつながっている。

二〇一八年度以降は町を飛び出し、二泊三日で宗像や大宰府まで徒歩で遺跡めぐりの旅をしながら、自分たちの町の首羅山遺跡を伝えている（図61）。

首羅山遺跡学習は、五感に触れる授業であり、子どもたちの誇りの醸成、郷土を愛する心を育んでいる。さらに子どもたちの熱心な活動が、大人の心を動かし、久山町の文化財保護の原動力のひとつとなっている。

図62●小学校の授業でつくった絵本
2015年度の成果として、絵本『わたしたちの首羅山ものがたり』を全員でつくった。2020年には町の歴史を題材に絵本をつくるなど、歴史学習が発展・継続している。

2 「地域」と文化財

久山町歴史文化勉強会

地域ではボランティア団体久山町歴史文化勉強会を中心とする町民の活動が首羅山遺跡をとりまく活動の中心となっている。

二〇〇七年度に発足した「久山町歴史文化勉強会」は町民が主体となって活動しており、町の文化財担当者もボランティアで参加している。月に一度、久山町や周辺の歴史や自然などさまざまな話題をそれぞれ持ち寄って発表し、すでに一四〇回以上開催している。勉強会は学びの場だけではなく、情報交換の場でもあり、打ち合わせや意見交換の場でもある。小学校の授業の支援や山内の整備などについても、楽しみながらできる範囲で、やれる人だけ参加してもらうという方法で継続的におこなっている。

白山神社の獅子舞

すでに述べてきたように、首羅山の麓の白山神社は山頂地区から昭和初期に遷座した神社である。白山神社には獅子舞が伝わっていたが一時途絶え、一九八三年ごろ、地元上久原区の青年団がお宮のなかにあった獅子頭を発見し、獅子舞が復活した（図63）。その後一九九七年に「上久原白山宮獅子舞保存会」がつくられ、毎年大晦日から新年にかけて年越しの獅子舞が奉納されていた。

図63 ● 白山神社の獅子舞
麓の白山神社では大晦日に年越しの獅子舞がおこなわれている。近年は松明や餅まきなど地元が工夫を凝らし、大晦日も以前より賑わうようになった。こうした賑わいは伝統行事の継続にもつながる。

遺跡の調査が進むにつれ、大晦日の白山神社の獅子舞の見学者が少しずつ増え、地元の発案で丸太の松明や竹燈籠を参道に設置し幽玄な雰囲気を醸しだすようになった。数年前からは三〇日に餅つきをおこない、紅白の「首羅山　白山神社　福餅」をつくっている。年明けの獅子舞の後、真夜中に福餅の餅まきをおこなうのである。いまでは町内外からの参拝者が急増し賑わいをみせ、地域の活力を生みだしている。

遺跡への関心の高まり

教育委員会では久山町歴史文化勉強会の協力のもと、上久原ふるさと祭りの際に田んぼを借りて、首羅山の開山伝承に登場する虎や薩摩塔などのもみ殻アートをみんなで試行錯誤して製作するなど、地元への還元を試みている（**図64**）。

上久原地区でまつりがはじまり、その後、首羅山遺跡の北側に位置する猪野地区でも春に「さくらまつり」がおこなわれるようになり、地区ごと、季節ごとに賑わいをみせるようにな

図64●ボランティアさんとつくった籾殻アート
堆肥と籾殻でつくった「首羅の虎」。ボランティアさんの活動は山の整備、史跡案内、小学校の授業サポート、アート作成と幅広い。月に一度の勉強会で情報を共有し、参加したい方が参加するため、いつも楽しい雰囲気で活動ができる。

った。二〇一四年度の「さくらまつり」では、「猪野から首羅山に登ってみよう！」というイベントをおこない、一〇〇名以上の参加があり、猪野地区の住民が首羅山遺跡に興味を深めるきっかけとなった。

現在、猪野方面から首羅山頂への登山道も、指定地外にもかかわらず猪野地区の協力のもと整備し、久原地区の白山神社から登り猪野地区の天照皇大神宮に下山するという地区を超えた交流をおこない、白山神社に戻る二時間半ほどのルートを楽しめるようになっている。

3　首羅山遺跡とまちづくり

首羅山遺跡見学会・首羅山ツキイチ登山会

町では二〇〇八年度から二〇一七年度まで、年に一度、首羅山遺跡の一般公開をおこなっていた。全国から参加があり、多いときには四〇〇名にのぼるときもあった。小中学生の参加も多く、幅広い年代層が参加した。

見学会開催にあたっては上久原区と久山町歴史文化勉強会のボランティアさんに、道の整備や草刈りなどの準備、集合場所である白山神社の清掃、当日の引率などをお願いした。山内の主要な場所で担当者や九州歴史資料館の学芸員による解説をおこない、発掘作業をしているところや、出てきたばかりの土器をみせるなどの「本物体験」にこだわった現地説明をおこなってきた。下山後の地元上久原地区からの猪汁のふるまいが人気で、満開のコスモスやリアル案山子の展示など年ごとに異なる地元の演出も人気があった。
見学会の開催に多くの町民にかかわってもらい、じかに熱心な見学者の姿を目にしたり、マスコミにとり上げられたりすることは町民の気づきにつながり、首羅山を見直すきっかけとなった。

このように、かつてのように山が意識され、愛着をもって維持・活用されることを意識して調査や活用をおこなっている。そのために、遺跡に興味がある人だけでなく、そうでない人にもさまざまなかたちで首羅山にかかわってもらうことが大切だと考えている。そして、さまざまな行事が単発で終わるのではなく、つぎの活動に生かされることも心がけている。

たとえば小学校の授業でつくった歌「首羅山いつまでも」を国史跡指定記念イベントで、ゲストの雅楽師東儀秀樹氏と合奏することで町民の四分の一にあたる二千人の参加があった。その際に町の太鼓グループによる首羅山の開山伝承の劇をみた子どもたちが、それを題材に翌年には絵本を作成していく。絵本が賞をとれば、それは子どもたちの誇りとなり、町の宝となり、遺跡を守る心となる。町民や子どもたちの活動にたいして、発表の場や評価の場をつくっていくことは達成感につながり、よりよい循環を生みだすのである。

歴史と文化を守り伝える

文化財の持続可能な保存はとてもむずかしいが、首羅山遺跡をとりまく活動を地域とともにおこなっていくなかで、人びとの「心」の育成によるところが大きいということを体感した。

首羅山遺跡の調査前には「久山町は田舎だ」「久山町には文化も歴史もない」「自然しかない」というマイナス思考の声が多く聞かれた。そのようななか首羅山遺跡が発見され、国史跡になっていく過程で、学術的な研究が進み、それをさまざまな形で町民にフィードバックしていった。見慣れた風景や自然に歴史が付加されていくことによって、住民は自分たちの町に誇りをもち、それまでの祭りや行事を工夫したり、新しいイベントを立ち上げたりと、自分たちの手でまちづくりにとりくむ意識が高まったのである。歴史講座などでも「こんなに面白い町の歴史は専門家だけにはまかせられない、自分たちでもっと勉強しよう」という発言があるまでになっている。そして子どもたちもまた、授業などを通して、どうやって町の宝を守り伝えていくかという課題にとりくんでいる。

小学校の授業がはじまって一〇年が過ぎた。いまでは「歴史や文化が残っている」「久山にはコミュニティが残っている」「福岡市の隣りなのにこんなに豊かな自然がある」という、かつてマイナス要因であったことをプラスに考える方向転換ができつつある。

図65●小学生がつくった壁画
調査がはじまったばかりの2009年に、授業で首羅山に登ったり、地域の方の話を聞いたりした久原小学校6年生がつくった卒業制作「私たちの首羅山遺跡」。

遺跡を守っていくのは、地域の力である。ただし遺跡を地域が守るということは、地域にまかせるということではない。行政もまた地域に寄り添いながらひとつひとつの文化財の保護のあり方を模索し、地域の声に耳を傾け、町民が大切に想っているもの、たとえば自然とか神社とか寺院とか小さな石塔、言い伝え、祭りなどを尊ぶ心を、地域に学ぶことをつづけなければならないと考えている。大切なのは遺跡と現在、遺跡とそこに暮らす人びとをつなぐことである。そのために遺跡を過去のものとしてではなく、いまにどのように結びついているのかを常に意識し、それをだれもがわかる言葉で表現する努力が大切である。

首羅山遺跡では整備のスローガンを「「これまで」を「これからも」」とし、歴史を守ってきた自然を活かし、町の主要施策のひとつである健康づくりを意識し、歴史を感じる登山道の整備からおこなった。まだ整備の第一歩に過ぎないが、人が入ることで山、そして遺跡が生き返ったような気がする。

現在おこなっている「首羅山ツキイチ登山会」や今後おこなう予定の参加型の発掘調査など、さまざまな方法を模索しながら、これからも首羅山遺跡が地域住民の夢の糧となるような、持続可能な整備をおこない、首羅山を保護、再生し、まちづくりに寄与していきたい。そしてさらに調査・研究をつづけ、新たな歴史の痕跡の発見を町民と体験し、未来を担う子どもたちの、ふるさとを誇りに思う気持ちにつなげていきたいと思うのである。ひとつひとつの活動は小さいが、小さな町の小さな活動が文化や歴史を守っていく基礎となり、未来につながると信じている。

おもな参考文献

井形進　二〇一二『薩摩塔の時空』花乱社
井形進　二〇一八『九州に偏在する中国系彫刻についての基礎的研究―薩摩塔と宋風獅子の基準設定にかかる考察』九州歴史資料館
井手誠之輔編　二〇一九『徹底討論　大徳寺伝来五百羅漢図の作品誌―地域社会からグローバル世界へ』九州大学大学院人文科学研究院
伊藤幸司　二〇一八「港町複合体としての中世博多湾と箱崎」『九州史学』一八〇
伊藤幸司　二〇二一『中世の博多とアジア』勉誠出版
江上智恵　二〇二〇「中世山林寺院跡　首羅山遺跡」『九州の中世Ⅳ　神仏と祈りの情景』高志書院
江上智恵　二〇二〇「大陸系山林寺院首羅山遺跡の庭園状遺構についての一考察」『九州考古学』九五
江上智恵　二〇一五「太祖神社所蔵の大陸系石製香炉」『服部英雄退職記念誌　歴史を歩く　時代を歩く』
江上智恵　二〇一六「わたしたちの首羅山ものがたり」『月刊文化財』六三〇
江上智恵　二〇一九「薩摩塔の編年についての考古学的考察―日本に伝わる大陸系石造物研究の一環として―」『論集　葬送・墓・石塔』狭川真一さん還暦記念会
榎本渉　二〇一〇『僧侶と海商たちの東シナ海』講談社
榎本渉　二〇一四「南北朝時代の臨済宗幻住派・金剛幢下における境内空間」『『作庭記』と日本の庭園』思文閣出版
大石一久　一九九八「中世の石造美術」『平戸市史』民俗編　平戸市
大木公彦・古澤明・高津孝・橋口亘　二〇〇九「薩摩塔石材と寧波産梅園石との岩石的分析による対比」『鹿児島大学理学部紀要』四二　鹿児島大学理学部
大庭康時他編　二〇〇八『中世都市博多を掘る』海鳥社
大庭康時　二〇一〇『中世日本最大の貿易都市　博多遺跡群』シリーズ「遺跡を学ぶ」〇六一　新泉社
大庭康時　二〇一九『博多の考古学』高志書院

小野健吉　二〇〇四『岩波日本庭園辞典』岩波書店
川添昭二　一九九四『九州の中世世界』海鳥社
佐伯弘次　一九九〇「中世の糟屋郡と筥崎宮領」『戸原麦尾遺跡Ⅲ』福岡市教育委員会
高橋典幸　二〇二〇「文永・弘安の役」『中世史講義　戦乱編』ちくま新書
田中史生　二〇〇九『越境の古代史―倭と日本をめぐるアジアンネットワーク』ちくま新書
奈良国立博物館　二〇〇九　図録『聖地寧波』
服部英雄　二〇一四『蒙古襲来』山川出版社
久山町教育委員会　二〇〇八『首羅山遺跡―福岡平野周縁の中世山岳寺院―』
久山町教育委員会　二〇〇八『久山の仏像』
久山町教育委員会　二〇一〇『首羅山遺跡発掘調査概要報告書』
久山町教育委員会　二〇一二『首羅山遺跡発掘調査報告書』
久山町教育委員会　二〇二〇『首羅山遺跡Ⅱ発掘調査報告書』
久山町編　二〇一六『八五〇〇人のまちづくり―久山町のこれまでとこれから―』海鳥社
松尾秀昭　二〇一七『石鍋が語る中世　ホゲット石鍋製作遺跡』シリーズ「遺跡を学ぶ」一一一　新泉社
宮小路賀宏　一九九九「経塚資料覚書（二）」『九州歴史資料館研究論集二四』九州歴史資料館
村井章介　一九九三『中世倭人伝』岩波新書
村井章介　二〇一三『増補　中世日本の内と外』ちくま学芸文庫
森井啓次　二〇〇七「北部九州の経塚遺宝―福岡県内の経塚を中心として―」『未来への贈り物』九州国立博物館
森井啓次　二〇〇八「墨書宋人銘の書かれた経筒」『九州大学考古学研究室五〇周年金江論文集―下巻』九州大学考古学研究

史跡　首羅山遺跡

・福岡県糟屋郡久山町久原188他
・史跡は原則開放。麓の白山神社から山頂への登山道が整備されている。
・問い合わせ先　久山町教育委員会　092（976）1111
・交通　登山道入口へは、JR篠栗線篠栗駅よりイコバス「白山神社」下車すぐ、JRバス「山の神」下車徒歩5分。車の場合は白山神社下に数台駐車できるが、満車の場合は久山町文化交流センター「レスポアール久山」駐車場を利用（徒歩15分）。

白山神社裏や山頂地区には「伝承の展示」として、首羅山遺跡にまつわる伝承の一部を記した表示板を立ててある。ボランティアさんの説明の場として小中学生の歴史学習に使うことも目的の一つとしている。

また山に登ることで歴史を体感してもらうために「ツキイチ登山会」を開催している。この継続的な登山会では、未整備の地区も計画的に一部見学することができる。

「伝承の展示」

ツキイチ登山会

レスポアール久山

・久山町大字久原2603―1
・電話　092（976）2444
・休館日　月曜日(祝日の場合は翌日)、年末年始

久山町文化交流センターと町民図書館、ホールを備えた複合公共施設で、首羅山遺跡の出土品や薩摩塔のレプリカを展示している。

レスポアール久山の展示室

遺跡には感動がある

――シリーズ「遺跡を学ぶ」刊行にあたって――

「遺跡には感動がある」。これが本企画のキーワードです。

あらためていうまでもなく、専門の研究者にとっては遺跡の発掘こそ考古学の基礎をなす基本的な手段です。また、はじめて考古学を学ぶ若い学生や一般の人びとにとって「遺跡は教室」です。

日本考古学では、もうかなり長期間にわたって、発掘・発見ブームが続いています。そして、毎年厖大な数の発掘調査報告書が、主として開発のための事前発掘を担当する埋蔵文化財行政機関や地方自治体などによって刊行されています。そこには専門研究者でさえ完全には把握できないほどの情報や記録が満ちあふれています。しかし、その遺跡の発掘によってどんな学問的成果が得られたのか、その遺跡やそこから出た文化財が古い時代の歴史を知るためにいかなる意義をもつのかなどといった点を、莫大な記述・記録の中から読みとることははなはだ困難です。ましてや、考古学に関心をもつ一般の社会人にとっては、刊行部数が少なく、数があっても高価なその報告書を手にすることすら、ほとんど困難といってよい状況です。

いま日本考古学は過多ともいえる資料と情報量の中で、考古学とはどんな学問か、また遺跡の発掘から何を求め、何を明らかにすべきかといった「哲学」と「指針」が必要な時期にいたっていると認識します。

本企画は「遺跡には感動がある」をキーワードとして、発掘の原点から考古学の本質を問い続ける試みとして、日本考古学が存続する限り、永く継続すべき企画と決意しています。いまや、考古学にすべての人びとの感動を引きつけることが、日本考古学の存立基盤を固めるために、欠かせない努力目標の一つです。必ずや研究者のみならず、多くの市民の共感をいただけるものと信じて疑いません。

二〇〇四年一月

戸沢充則

著者紹介

江上　智恵（えがみ・ともえ）

1966年、福岡県生まれ。

日本大学文理学部卒業。

葛飾区教育委員会学芸員を経て、現在、久山町教育委員会教育課課長。

主な著作　『ふくおか歴史の山歩き』（海鳥社）、『福岡県歴史散歩』（共著・海鳥社）、『8500人のまちづくり』（共著・海鳥社）、「首羅山遺跡出土の青白磁刻花文深鉢」（『貿易陶磁研究』№30）

●写真提供（所蔵）

久山町教育委員会：図2～5・7・8・9（阿部重信氏撮影）・10・12・13・16・17下・18～22・27・30・34・35上・36～38・41・42・51・52・57～60・63～65・／九州歴史資料館：図15・28／福岡市埋蔵文化財センター：図17上／京都国立博物館（東福寺所蔵）：図39／大徳寺：図40／太祖神社所蔵：図28・48／久原小学校：図61

●図版出典（原図、一部改変）

図1・11：国土地理院20万分の1地勢図「福岡」／図6・14・29・31・32・33・35下・47：久山町教育委員会 2012／図25：江上智恵「薩摩塔の編年試論」（井形進 2018）／図35下：久山町教育委員会『首羅山遺跡からみる中世日本と東アジア資料集』2018

上記以外は著者

シリーズ「遺跡を学ぶ」149

博多周縁の中世山林寺院　首羅山《しゅらさん》遺跡

2021年 4月 15日　第1版第1刷発行

著　者＝江上智恵

発　行＝新 泉 社

東京都文京区湯島1－2－5　聖堂前ビル
TEL 03（5296）9620／FAX 03（5296）9621
印刷／三秀舎　製本／榎本製本

ISBN978－4－7877－2039－9　C1021

シリーズ「遺跡を学ぶ」

中世考古〈やきもの〉ガイドブック　浅野晴樹

「本書に登場する「やきもの」は大半が遺跡から出土したもので、接着剤でつないだり欠けた部分を石膏で埋めたりした、つぎはぎだらけのものが多いはずです。それらは実際に当時の日常生活を支えた道具で、中世社会の〝生の実態〟を伝えているのです。」

２５００円＋税

新泉社